Baggio Scheneider, Charton

A Arte de Ganhar Dinheiro

1. Finanças

2. Planejamento Financeiro

3. Investimentos

4. Riqueza

© Copyright 2019. Todo os direitos reservados. Reprodução proibida.

Sumário

A Ciência da Prosperidade

O Estudo da Ciência do Sucesso

O norte-americano, Napoleon Hill, com toda a certeza, foi à pessoa que mais estudou a ciência do sucesso. Hill dedicou toda a sua vida não apenas conhecendo os grandes realizadores de sua época – pessoas como: Andrew Carnegie, Tomas Edson, Henry Ford entre muitos outros – como também os impressionaria. Hill passou toda a sua vida adulta modelando a excelência (o segredo do sucesso – a diferença que faz a diferença) destes grandes realizadores e divulgando-as.

Hill era uma pessoa que estava sempre disposta a *"percorrer aquele quilômetro extra, a fim de prestar mais serviço do que aquele que é pago"* – um axioma que se tornou um de seus princípios do sucesso.

"Os maiores entre os homens são os que servem ao maior número", dizia Napoleon Hill. Com Andrew Carnegie, Hill aprendeu que precisamos disciplinar nossa mente para nos protegermos contra a derrota pelo fracasso. Carnegie, disse a ele que precisamos **assumir o total controle da mente**, pois esta é a verdadeira origem do poder infinito.

Os pensamentos (estado[1]) que dominamos são os responsáveis pela criação do que nós somos – nossa personalidade. Ou seja, nós acabamos por nos tornar aquilo em que nós pensamos. Napoleon Hill, foi quem tornou a frase *"o que pode conceber, a mente pode realizar"* popularizada.

Em uma conversa com Carnegie, Hill ouviu a história de que ele (Carnegie) como operário a cinquenta anos atrás, ouvira por acaso um colega de trabalho dizer que odiava a pobreza e não iria agüentá-la. E, Carnegie disse a Hill que aquele sujeito ainda era um simples operário, a razão disso, segundo Carnegie, era que este tinha fixado sua mente[2] na pobreza e a deixou aí. No entanto, se ele tivesse dito que gostava de riqueza, e que iria trabalhar para ganhá-la e tê-la, este sujeito estaria disciplinando a sua mente para concentrar-se nessas metas, que faria mais cedo ou mais tarde por alcançá-la, ao invés de simplesmente ficar odiando sua condição humilde na vida. Este conhecimento veio mais tarde tornar-se mais uma pedra fundamental da filosofia do sucesso de Napoleon Hill, ao qual chamaria de **"Atitude Mental Positiva"**.

Também foi através de Andrew Carnegie que Hill aprendeu sobre a importância de se estar sempre um passo a frente, e descrever claramente que tipo de objetivo deseja-se atingir. Bem como, de que necessitamos fazer alianças com mentes superiores.

Através das conversas que teve com Carnegie, anos mais tarde Hill veio a escrever o seu mais famoso livro, *"Pense e Enriqueça"* – o livro de auto-ajuda mais vendido e mais respeitado em todo o mundo.

Como Carnegie bem dizia, lamentavelmente, a despeito de todo o poder miraculoso que temos a nossa disposição, a maioria das pessoas deixa-se acovardar pelo medo[3], pelas dúvidas e pelas limitações auto-impostas. O poder existente na mente humana está à disposição de todos – ricos/pobres, brancos/negros, altos/baixos, gordos/magros. No entanto, sem ação[a], planos e objetivos bem definidos[4] nada pode ser produzido.

E aqui entra a grande chave do que chamamos de modelagem da excelência humana. Qualquer ser humano, se quiser possuir uma extraordinária qualidade em sua vida, pode conseguir isto através do estudo da vida dos grandes líderes (realizadores: Albert Einstein, Wald Disney, Sigmund Freud, Thomas Alva Edison, Mahatma Gandhi, John F. Kennedy, Martin Luther King, Jr. entre outros) de nosso tempo ou do passado.

A fórmula de sucesso que Hill tomou de Carnegie era composta de dois quesitos que deveriam ser combinados. Primeiro: ter um **objetivo claro** (específico) e então, um **plano de ação imediata**.

Com Henry Ford, Hill descobriu mais dois dos ingredientes essenciais para o sucesso extraordinário: o **autocontrole** férreo e a **capacidade de concentrar** todos os esforços necessários para atingir um objetivo.

Ainda de Carnegie, Hill aprendeu que **os limites são os que a pessoa se estabelece para si mesma**. Como bem disse Albert Einstein: *"O impossível, só é impossível, até que alguém chegue e faça"*.

Então, mais tarde Hill veio a denominar a Lei da Compensação, ao qual baseava-se numa profecia bíblica que diz: "Aquilo que semear, o homem colherá". Hill escreveu que *"quando começamos a ajudar aos outros, começamos a ajudar a nós mesmos... e temos sucesso na proporção do serviço que prestamos ao mundo"*.

Em sua jornada, Hill estudou e analisou mais de dez mil homens e mulheres; e chegou a conclusão de que a **autoconfiança** e o **entusiasmo** eram os requisitos indispensáveis para o sucesso.

Sondando a psicologia do sucesso, Hill descobriu que era impossível para alguém deixar de conseguir aquilo que realmente queria. A verdade, segundo Hill, é que a pessoa estaria consciente e inconscientemente, *conseguindo aquilo em que pensa com mais intensidade*.

Isto poderia ser definido como auto-sugestão, o qual é um poderoso instrumento para podermos disciplinar nossa mente. Em suas palestras, Hill ensinava aos participantes que o indivíduo deve ter cuidado com aquilo que pede; e, uma vez que decidir especificamente o que quer – que tipo de pessoa quer ser -, deve por *"no papel uma descrição objetiva"* decorá-la e em seguida repeti-la *"com seriedade para si mesmo, pelo menos uma dúzia de vezes por dia, fazendo-a com convicção e, se necessário, a uma pessoa imaginária"*.

Com Napoleon Hill bem dizia: *"Plante as sementes de pensamentos bondosos e carinhosos e elas crescerão onde antes só cresciam espinhos. O mundo é um grande espelho, em que*

---

[a] Ação é o que nos dá o Poder Pessoal.

vemos refletidas não as imperfeições dos outros, como imaginamos, mas os pensamentos e atos que nós criamos".

Em seu livro *Law of Success*, Hill expôs os seus princípios do sucesso. Entre eles:

❑ **Possuir um Objetivo Claro e Específico** – onde a concentração e a dedicação são fundamentais para o sucesso.

❑ **Autoconfiança** – ao qual exige-se o domínio dos medos[b], entre eles: o medo da pobreza, da falta de saúde, de envelhecer, de ser criticado, de perder o amor e o da morte.

❑ **O Hábito de Poupar** – aqui se trata da necessidade de acumular capital. [E esta é a principal tarefa deste livro. Não apenas ensinar-lhe a poupar seu dinheiro, mas também o de aprender a distribuir sistematicamente sua renda, bem como o de tornar-se um conhecedor de como aumentá-la].

❑ **Iniciativa e Liderança** – condições consideradas indispensáveis para o sucesso.

❑ **Imaginação** – para este princípio está incluso o poder da criatividade em toda e qualquer carreira.

Outros princípios também expostos em seu livro foram: o entusiasmo, o autocontrole, o hábito de fazer mais do que aquilo por que se é pago, o de ter-se uma personalidade agradável, o pensamento preciso, o poder da concentração, o valor de se aproveitar os fracassos[5], a tolerância, entre outros.

Em resumo, os Fatores do Sucesso, podem ser resumidos em quatro princípios básicos e elementares, sem os quais nenhum homem pode superar a mediocridade. São eles:

1. **Finalidade.** Qualquer pessoa que queira atingir o sucesso necessita saber aonde quer chegar e como irá chegar ao seu destino.

2. **Percorrer o quilômetro extra.** Pois, não pode haver sucesso por apenas se fazer o que se espera que se faça, ou fazer o suficiente para acompanhar aos outros. Para atingirmos o sucesso precisamos ir além.

3. **A Teoria das Mentes Superiores.** Onde a cooperação entre duas ou mais pessoas bem-sucedidas, irá produzir sinergia – ou seja, a verdadeira harmonia -, e fornecerá os modelos e metas que devemos tentar alcançar.

4. **A Fé Aplicada.** É necessário que acreditemos em algo superior. E, está fé (crença) deve ser tornada uma parte de nossa vida – uma rotina diária de todo ser humano.

---

[b] Veja o livro Poder Pessoal: A Força Motriz! ou assista ao workshop de final de semana: Desperte Seu Gigante Interior; ambos de Charton Maciel Baggio.

O Universo da Potencialidade Financeira

Independência financeira pode ser definida como a capacidade que você tem de nunca fazer nada que você não queira, por causa do dinheiro, e de nunca deixar de fazer qualquer coisa que você deseje por falta de dinheiro. Ou seja, a verdadeira prosperidade, consiste em vivermos nossa vida como gostaríamos realmente de vive-la.

A prosperidade é algo muito diferente da riqueza. Prosperidade (na base do indivíduo) é estarmos em harmonia com a Prosperidade Universal. Nós vivemos num universo próspero e rico,

basta aprendermos as suas leis e atuarmos condizentemente com elas e nada nos faltará. Portanto, a prosperidade é um estado mental positivo e específico, que não depende do dinheiro para você consegui-la.

Ser uma pessoa próspera é ter um tripé bem equilibrado onde cada uma das três pernas possui uma característica própria. São elas: dinheiro, saúde e amizade.

Quando atuamos em cima da consciência da prosperidade com uma convicção firme e inabalável, nós conseguimos manifestar o dinheiro em nossa vida quando quisermos.

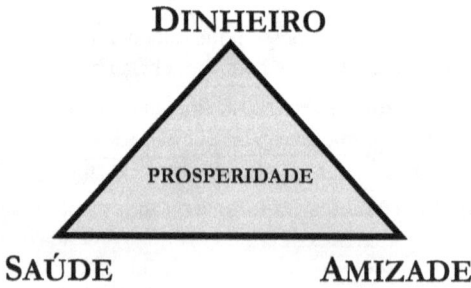

O primeiro passo, que desejamos que você aprenda é o **"fazer amizade com o dinheiro"**. Isto mesmo, fazer amizade com o dinheiro é de suma importância.

Você pode dizer que adora o dinheiro, no entanto, isto não é a mesma coisa. Pense bem, quando você ou uma criança pega no dinheiro e ela vai se sentar à mesa o que você fala: "Vá lavar a suas mãos! Você acabou de pegar no dinheiro, e; o dinheiro é sujo!" Ao fazer isto você está fazendo algo muito maior do que imagina, você está dando uma ordem para o cérebro daquela criança e indiretamente ao seu de que o dinheiro é sujo – que tem a mesma conotação de que dinheiro não presta.

Como conseqüência, sua mente irá fazer de tudo para cumprir sua ordem de manter-se limpo e com isto satisfazer o seu desejo de limpeza, afastando-o da sujeira (o dinheiro); e, assim sendo, com isto ela o manterá pobre.

Pense bem, quando você quer fazer amizade com alguém, você necessariamente tem que ter contato com esta pessoa – falar com ela, escrever-lhe, telefonar, tocar, sair, visitar, compreende-la, aconselha-la, saber ouvir, e assim por diante...

Muito bem, com o dinheiro é a mesma coisa. Por esta razão, aprenda a **manusear o dinheiro** – isto, lhe dará a sensação direta de possuirmos dinheiro, o qual fica gravada uma mensagem específica de potencial em nossa estrutura psicológica.

Tudo em nossa vida depende de nossa predisposição mental, inclusive nossa independência financeira. Você aprendeu a primeira dica – manusear o seu dinheiro o máximo possível, o tê-lo sempre por perto. Agora vamos a segunda dica: **crie um imã de dinheiro**. Como? Doando!

Discipline-se em fazer doações! Pegue o montante que você ganha e **separe dez por cento para você**. Isto mesmo, dez por cento de tudo o que você ganha, é seu para você não gastar. Com este dinheiro, você construirá o seu imã da sua independência financeira[c]. Com este dinheiro, você irá deixar algumas notas – de preferência de valor elevado em sua posse (no seu bolso), para que possa manuseá-lo periodicamente. O restante, você fará atuar como imã através de investimentos.

Com o dinheiro que você separou em seu bolso, você não poderá se desfazer dele – ele é seu imã (talismã) pessoal. Já, com o dinheiro que você aplicou no mercado financeiro (bancos, ações...), você poderá aplica-lo somente em bens permanentes, como imóveis e terras – isto irá aumentar a sua riqueza.

Aprenda a cuidar bem deste imã, disciplinando-se para religiosamente todo mês reservar esta parcela de dez por cento e aplica-la sabiamente. Lembre-se: **o futuro pertence àqueles que acreditam na beleza de seus sonhos**.

Você precisa ainda, aprender a importância de se realizar doações. Mensalmente, **doe dez por cento** de tudo o que você ganha. Ao fazer uma doação, nós estamos fazendo muito mais do que você possa imaginar.

Na verdade, estamos ajudando muito mais a nós mesmos do que o outro! Por quê? Por causa de que quando nós fazemos uma doação, nós estamos enviando uma mensagem ao nosso cérebro de que nós temos o suficiente que podemos até mesmo dar um pouco do que possuímos, e; isto cria uma consciência de prosperidade em nosso cérebro. Lembre-se: **as pessoas mais prósperas são aquelas que mais fazem doações!** Não é à toa que elas o fazem.

Aqui, o importante é saber que uma doação pode e deve ser feita de duas maneiras. A doação com o intuito de caridade – que é dar algo a quem necessite; e a

---

[c] Veja "Massa Crítica" no capítulo sobre Planejamento Financeiro.

doação com o intuito de generosidade – que é dar algo a quem não precisa. Ao fazer estes dois tipos de doações, nós estamos enviando mensagens bem definidas ao nosso cérebro:

1. Eu posso ganhar, quando estou precisando; e
2. Eu posso ganhar, ainda, mesmo quando eu não estiver precisando.

Oliver Wendell Holmes Jr. disse que a *"mente humana nunca poderá voltar a suas dimensões originais, uma vez conhecidas uma nova ideia"*. Ou seja, mesmo as pequenas coisas provocam uma grande mudança em nossas vidas. Uma árvore provém de uma pequena semente. Sua independência financeira provém, de pequenas ações hoje. Por este motivo, outra regra para nossa independência financeira absoluta é simples: **gaste menos do que ganha**.

"Quem semeia com mesquinhez, com mesquinhez há de colher; quem semeia com generosidade, com generosidade há de colher. Cada um dê conforme decidir em seu coração, sem pena e constrangimento, porque Deus ama a quem dá com alegria".

2 Coríntios 9, 6-7

A questão é simples: se você não controla seus gastos, eles irão controlar você! A escolha é sua, e; somente sua. Pense bem em qual das extremidades você deseja estar. Nós, e apenas nós, somos os criadores da nossa existência. Por conseguinte, toda riqueza/pobreza é criada pela nossa mente.

As Quatro Leis da Abundância Financeira

Nosso universo é regido por algumas leis que ainda não foram escritas. Estas leis são: a lei do solicitar, do agradecer, do arriscar e a do declarar.

Estas quatro leis, juntas, formam o que chamamos de "A Roda Universal da Abundância Financeira"; que nada mais são do que atitudes as quais devemos tomar frente à questão financeira.

Aprender a **solicitar** é a chave para o nosso sucesso vitalício. Para isto aprenda a pedir até conseguir o que deseja. Quando tratamos da questão universal, existem duas formas de fazermos solicitações: a primeira delas é através da oração, que possui um grande poder vibracional, como a ciência médica vem comprovando, com a questão do poder da oração frente à cura.

A segunda forma, é através do arriscar. **Arriscar** é, o ato de superarmos nossos medos. É, colocar a nossa energia em ação; e ação, criar realidade.

A **declaração** é, a forma que dispomos para criar uma realidade no nosso Universo – inclusive a abundância financeira. O outro fator, não menos importante, é o de **agradecer**. O ato de agradecer comunica ao universo que estamos indo bem, e este nos retribui com mais prosperidade.

Quando nós compreendermos estas quatro leis que governam a abundância financeira, o dinheiro se tornará abundante em nossas vidas. Estas leis são nada mais, nada menos do que pontos referenciais para nossas mentes atuarem com maior desempenho. Elas são um modelo, e; como tal somente possui valor se ele for útil.

SUA APARÊNCIA CRIA A SUA MARCA

Vivemos num mundo competitivo, onde todos os detalhes, que pudermos dispor, a nosso favor poderá e fará uma grande diferença. Neste contexto, achamos de grande valia o investimento que fazemos em nós mesmo em cima do quesito **APARÊNCIA**; pois acreditamos, que *"o estilo e a imagem passam a entrar no manual de sobrevivência"* como bem diz Gloria Kalil[6].

Em sua obra, Kalil sugere que nós (homens) nos voltemos para frente do espelho, pois o que está em jogo não é uma questão simplista de vaidade, mas sim, de nossa identidade – nossa marca pessoal – ao qual Tom Peters chama de "Eu S.A." e, neste jogo, devemos nos ater a detalhes como nosso cabelo, perfume, desempenho intelectual e físico[d].

Gloria Kalil nos diz, que podemos resolver nossa *"vida com peças de muita qualidade, critério rigoroso, orçamento bem distribuído, doses generosas de bom senso, e muita noção da própria personalidade e do próprio estilo"*.E, estes são quesitos que apenas cada um de nós poderemos resolver. Este mundo (o da moda), é dividido em três grandes grupos muito bem definido.

Segundo Kalil estes grupos, chamados por ela de "tribos", classificam-se em:

- a tribo dos Clássicos – a maior de todas;
- a tribo dos modernos; e,
- a tribo dos étnicos

No **grupo dos clássicos**, nós temos aquelas pessoas que seguem as tendências que são ditadas pelos criadores dos tradicionais centros lançadores de moda como o de Paris, Londres, Milão, Nova Iorque e até mesmo o de Tóquio. Esta é a tradição.

Já o **grupo dos modernos** costuma vestir-se através da inspiração pelo que observam nas ruas, onde se cruzam todos os tipos de pessoas – jovens/velhos, intelectuais, profissionais/estudantes, freqüentadores da noite, entre outros... Este segundo grupo não segue uma tendência pré-definida; eles criam a sua própria.

Com **os étnicos**, temos algo totalmente diferente; esta "tribo" é formada por aquelas pessoas que procuram se expressar no vestir à relação com suas raízes, com sua cultura de origem – nativa ou adotiva.

No entanto, há um perigo que ronda a todas as "tribos": o excesso. Segundo Kalil, todas elas *"têm os seus 'bregas', seus 'over', seus 'muito produzidos'"*.

---

[d] No livro Poder Pessoal: A Força Motriz! há uma seção inteira sobre como termos uma saúde e vitalidade vibrante. Confira!

Aqui nos aprofundar um pouco apenas sobre o mundo dos clássicos. Não entraremos nos outros dois grupos por se tratar de um assunto muito amplo e pelo principal: não é este o nosso objetivo aqui – a moda propriamente dita; e sim, nos colocarmos segundo padrões daqueles que são os mais bem-sucedidos, aqueles que alcançaram a prosperidade, o padrão entre as pessoas de sucesso.

A Aparência do Sucesso

As pessoas "clássicas" possuem preferências muito *"sólidas e inquestionáveis..."* diz Kalil, *"... sobre o que seja o bom gosto"*. Em seu livro "Chic Homem", Gloria Kalil, nos apresenta um belo resumo sobre os estilos, a seguir, apresentamos um resumo sobre o que ela nos diz a respeito dos clássicos.

Segundo Kalil, os clássicos, *"seguem as tendências propostas pelos tradicionais centros criadores de moda"*.Para este grupo, a palavra-chave é o: *"Bom gosto. Integração. Eternos"*.

Esta "tribo" é subdividida por Kalil em quatro subgrupos:

1. **Conservadores:** que são os corretos, eles não se arriscam; e lhes faltam um toque pessoal em seu estilo.

2. **Temperados:** este é o subgrupo daqueles que possuem charme e personalidade, considerado por Kalil como *"o molho perfeito para o look clássico"*.São refinados, e reúnem o melhor da moda clássica e contemporânea.

3. **Peruas:** Este subgrupo é a versão masculina das "peruas". Estes são loucos por grifes caras, jóias, perfumes fortes; aos quais, Kalil os chama de *"verdadeiros almofadinhas"*.

4. **Os que não ligam para a moda:** este subgrupo *"em geral são os tipos mal vestidos, sem graça, sem gosto, e até desleixados. 'Não ligo' quer dizer: não domina os códigos da moda"*.Este subgrupo, por sua vez, está dividido em outras quatro categorias:

    4.1. **Os Internautas:** são os nerds, que se vestem de qualquer maneira e que ficam na frente dos computadores.

    4.2. **Os Intelectuais:** são aqueles antietiquetas. Eles *"pensam em tudo, menos na própria moda"*.

    4.3. **Os desarrumados:** para estes *"roupas caras ou baratas dão no mesmo: estão sempre amarfanhados"*.

    4.4. **Os Jeans & Camiseta:** estes *"fazem os tipos: normal, 'à vontade', esportista, eterno surfista e natureba"*.

Não é apenas nosso talento, nossa inteligência e nosso preparo que nos levam ao sucesso. Estas são condições que necessitam estar presentes, no entanto, elas não são tudo. Nossa aparência também conta, e muito.

Toda empresa possui sua aparência – sua personalidade. Assim, como você deve ter a sua. Lembre-se: **"Você S.A!"** Você é a sua marca – sua marca é você.

Aprendendo a Formar um Guarda-Roupa Perfeito

Ainda nos referindo a Gloria Kalil, esta nos fornece boas dicas sobre como formar um guarda-roupa perfeito. Vejamos...

Devemos ter em mente, que em nosso armário somente entrarão peças que preencham as seguintes condições:

- Qualidade indiscutível das matérias-primas;

- Peças avulsas que combinem entre si;

- Roupas que vistam perfeitamente;

- Peças prontas para vestir em diferentes situações: trabalho, lazer, festas e ocasiões muito especiais.

Quando nós dispomos de um bom guarda-roupa – básico, nós (os clássicos) podemos transitar à vontade por todos os universos. Por conseguinte, as cores de nosso guarda-roupa, são muito importantes. Entre elas devem estar, o marinho, o preto, o bege e o cáqui.

Lembre-se que o terno e gravata impõem autoridade, poder e credibilidade.

LIBERTANDO-NOS FINANCEIRAMENTE

Nós não necessitamos necessariamente ser ricos para nos livrarmos de nossas preocupações financeiras – muitas vezes, o que é realmente necessário que façamos, é olharmos o problema com novos olhos; ou seja, aprender a encarar a situação de forma diferente.

Nós (adultos), somos um reflexo do que aprendemos em nossa infância. Pesquisas mostram que uma criança de zero aos sete anos de idade ouve cerca de cem mil "nãos". *Não faça isso... Não faça aquilo...* e estas mesmas pesquisas demonstram que para cada elogio uma criança ouve cerca de nove repreensões. Mas, o que isto tem a ver com nossa situação financeira? Tudo! Vejamos um pouco de teoria:

Existe uma estrutura chamada Substância reticular Ativadora Ascendente (SRAA) que se situa na base do nosso cérebro. Esta estrutura é nutrida pelo Saldo Exergônico do Bioquimismo Celular (SEBC). Complicado! Bem, vamos descrever isto de outra maneira.

Quando nós executamos um movimento corporal qualquer, sempre irá haver uma sobra de energia (que é o SEBC), que será conduzida pelo sistema nervoso e ativara a SRAA, e que, por conseguinte manterá o nosso cérebro desperto. Esta (manter o cérebro acordado), é uma das funções desta estrutura. Outra função, que o SRAA exerce é a de autuar como um filtro das informações que chegam em nosso cérebro.

Em 1956, foi publicado um artigo pela *Psychological Review*, de autoria de George Miller, intitulado "O Mágico Número sete, Mais ou Menos Dois: Algumas Limitações da Nossa Capacidade de Processar Informações". Através deste artigo, Miller mostrou-nos que nossas habilidades para fazermos *"distinções absolutas entre estímulos, para distinguir fonemas uns dos outros, para estimar números precisamente e para lembrar um número de itens discretos pareciam todas sofrer uma mudança crucial aproximadamente no nível de sete itens. Abaixo desse número, os indivíduos conseguiam prontamente executar estas tarefas: acima dele, os indivíduos tendiam a fracassar"*.[7]

Por este motivo, nosso cérebro – mais especificamente a SRAA -, trabalha como se ela fosse uma secretária executiva, a qual segue normas estabelecidas pelo diretor (o cérebro). Assim sendo, qualquer informação, antes de chegar ao diretor, passará pela secretária executiva. Se o diretor puder dar atenção a ela (a informação), ele irá permitir que a secretária deixe que passe, caso não, ela a descartará.

Bem, vamos ao que nos interessa. Imagine que quando você era criança (de zero a sete anos), você desenvolveu uma (ou várias) crença(s) limitadoras. "Dinheiro é difícil". "Não sou bom o bastante"; e, assim por diante... Estas crenças, como quaisquer outras, moldam nossa personalidade e nossa forma de pensar e agir.

Nossas crenças atuam em diversos níveis, indo desde nossa identidade – o quem somos: como nos vemos, nossos potenciais, nossas dificuldades...); passando pelo

15

aspecto financeiro, religioso, profissional, afetivo... Entre outros... Quando são crenças que nos apóiam, tudo vai bem; no entanto, quando são crenças que nos limitam, aí está instalado o problema – elas atrapalham nossa vida, fecham portas, destroem relacionamentos, entravam nossa ascensão.

Assim sendo, as primeiras experiências que tivemos com relação ao dinheiro, está determinando até hoje a forma como nós lidamos com ele; detonando os sentimentos que ele nos desperta que podem variar entre: medo, prazer, ódio, entre mitos outros...

Existem duas forças que são dirigidas biologicamente e constituem a força controladora de nossas vidas: a dor e o prazer.[8] Tudo o que nós fazemos atua para suprir nossa necessidade fundamental de evitar a dor e nosso desejo de obter prazer. Sendo assim, **nós iremos fazer de tudo para evitar a dor, muito mais do que para obter o prazer**.

O dinheiro, como tudo, pode ser uma fonte de prazer (onde associamos a ele o meio pelo qual nós possamos obter aquilo que desejamos – quando criança podemos ter associado a ele o prazer por podermos adquirir as coisas que gostávamos, como por exemplo: doces, sorvetes, brinquedos...) ou; o dinheiro também pode ser uma fonte de dor.

Neste caso, o dinheiro pode ter sido em nossa infância, o motivo de desavenças entre nossos pais, ou ele pode ter atuado fator preponderante de nós não termos podido satisfazer nossos desejos.

Suze Orman, nos fornece uma bateria de perguntas para nos ajudar a exercitar nossa memória e com isto eliminarmos nossos bloqueios em relação ao dinheiro; vejamos:

1. Qual é o melhor presente que você tem lembrança de ter ganhado quando era criança?

2. Seus amigos tinham coisas que você não tinha ou se sentia mal por ter mais do que eles?

3. Você ganhava dinheiro como prêmio por bom comportamento?

Precisamos encarar nossos medos de frente, quanto mais nos recusarmos a enfrenta-los, mais eles crescem. Portanto, devemos aprender a mudar nossa atitude em relação às coisas que nos causam medo.

Para eliminar nossos medos, nós necessitamos mudar nossas regras mentais. Primeiramente, defina o que tem que acontecer para você se sentir seguro e sentir-se com medo, em seguida, crie novas definições para o que tem que acontecer para você se sentir seguro e sentir-se com medo. Faça isto agora mesmo, elimine os seus medos, invertendo o medo da dor em si mesmo. Para isto, pare com a leitura deste livro e tire um tempo para escrever tudo aquilo que você perderá se você não remover o medo do sucesso. O que você irá valer se você continuar se viciando nesta emoção destrutiva?...

A seguir, faça uma lista de tudo aquilo que você irá obter usando sua força interna e sua fé agora mesmo. O que você irá ganhar superando estes medos?...

Faça a técnica da rasura (veja apêndice") para se livrar de uma vez por todas do medo.

Procure substituir seus medos por mensagens que lhe dêem suporte, mensagens como:

- Eu tenho mais dinheiro do que eu preciso.

- Eu compartilho livremente da abundância de minha vida.

- Meu trabalho é uma grande contribuição para os outros, e eu sou recompensado com riquezas por isto.

- Eu atraio e desfruto uma maior abundância financeira a cada dia.

- Eu sou um doador e o que eu dou volta para mim multiplicado de numerosas formas.

- Eu controlo minhas finanças.

- Eu agradeço diariamente à imensa abundância em minha vida.

- Minha gratidão me abre caminho ao sucesso financeiro ilimitado.

- Eu tenho o poder de colocar meu dinheiro em boas mãos.

- Eu estou atento e experimento toda riqueza que me cerca diariamente.

- A riqueza de meu Criador circula ao longo de minha vida – a riqueza dele flui em mim em avalanches de abundância.

- Eu sinto-me próspero e tenho pensamentos prósperos.

- Eu compartilho os recursos ilimitados de minha vida.

- Eu dirijo e invisto meu dinheiro sabiamente, e ganho-o diariamente.

Pratique estas positivações diariamente até que elas se tornem uma verdade para você – até que realmente acredite nelas.

Bem, para ter realmente prosperidade, você necessita ser honesto consigo mesmo. A melhor solução para atingirmos nossa independência financeira, não é simplesmente cortar todos os gastos, mas sim, gastarmos de maneira diferente. Decida-se antecipadamente o que você irá fazer com o seu ganho. Lembre-se: fazer cortes drásticos é o mesmo que iniciar uma dieta querendo ser radical – ela nunca funciona por muito tempo, e você acaba por adquirir todo peso que perdeu. Ao invés disso, procure fazer cortes pequenos em seus gastos mensais.

Existe uma lei que é considerada básica para adquirirmos nossa liberdade financeira; e, esta lei diz que devemos primeiramente pensar nas pessoas, e somente após, no dinheiro. **Dê aos outros o que eles precisam e eles lhe darão o que você precisa.**

Nós necessitamos aprender a ter respeito por nós mesmo, e em seguida devemos respeitar o nosso dinheiro. Há somente três formas de ganharmos dinheiro honestamente na vida:

1º) Trabalhando;

2º) Herdando; e,

3º) Investindo.

Necessitamos aprender a investir sabiamente nosso dinheiro enquanto ainda estamos trabalhando, para que possamos usufruir dele, quando estivermos com uma idade avançada. Mas lembre-se, o único valor do dinheiro é nos dar o que o dinheiro pode comprar.

Quando se trata de adquirir independência financeira, o que importa não é o quanto você ganha, mas sim; o quanto você economiza. Discipline-se para poupar mensalmente uma parcela do que você ganha, e; separe-a antes mesmo de começar a pagar suas contas. **Este dinheiro é seu para não gastar.**

Existem três aspectos que são fundamentais nesta área. Primeiro: faça projeções – pense no valor futuro do seu dinheiro antes de gasta-lo; com isto, você aprenderá a analisar se o gasto irá realmente valer a pena ou se ele irá afetar o seu futuro financeiro. Segundo: pague todas as suas dívidas – limpe o seu nome; e terceiro: comece a dar mais importância para cada centavo que você ganha. Só assim poderemos ter sucesso financeiro vitalício.

Nós necessitamos aprender a confiar em nossa intuição. É ela quem nos diz se estamos fazendo escolhas certas ou não. No entanto, lembre-se de que você também necessita prover-se de dados. Você poderá colhe-los de outras pessoas, através de leitura especializada e se informando ao máximo possível.

No entanto, aprenda a confiar em sua voz interior (a sua intuição), é ela quem irá lhe ajudar a dar o aferimento correto sobre as informações que você colheu. Quando nós estamos lidando com o mercado financeiro, precisamos ter sempre em mente de que ele é regido por ciclos de altas e ciclos de baixa.

Por esta razão, devemos ter uma mentalidade de longo prazo, em relação a nossas finanças. Sua atitude diante dos revezes da vida, devem ser positiva. Lembre-se de manter-se sempre firme, inabalável, lutando pelas suas metas e sonhos mais profundos – só assim você chegará lá. Como dizem os orientais, uma jornada de mil milhas começa com o primeiro passo. Comece agora mesmo a construir seu futuro. Pense em longo prazo.

Qualidade de vida é independente de o quanto nós ganhamos, investimos (poupamos) ou mesmo gastamos nosso dinheiro. Laura Somoggi em um artigo a revista Você S.A. escreve que a *"verdadeira liberdade financeira se baseia na definição de quem somos e não do que nós fazemos ou temos"*. Em síntese, não é somente o dinheiro que nos dá a sensação de **liberdade financeira – esta deve ser muito mais e primeiramente, um estado de espírito.**

[1] Veja este tema: como mudar, o impacto o uso de um estado poderoso – no livro **PODER PESSOAL:** *A FRORÇA MOTRIZ!* de autoria de Charton Maciel Baggio e também publicado pela Edições NeuroTech. Ou venha e participe de nosso programa Desperte Seu Gigante Interior onde Charton o treinará pessoalmente nestas técnicas e processos. Mais informações em nosso site na internet: www.tba.com.br/pages/cbri

[2] Nossa mente possui um mecanismo que é chamado de *"Teleológico"*, ou seja, ela vai sempre em direção a uma meta. Tudo aquilo que fixamos em nossa mente, ela não tem escolha senão ir em busca daquilo. Por exemplo, se você diz que não quer ser gordo, o que aparece em sua mente é a imagem de uma pessoa gorda, o seu cérebro então vai atrás disto. Portanto, você deve aprender a falar e pensar positivamente; ou seja, naquilo que você realmente quer e não naquilo que você não quer. Lembre-se: o que você pensa, você se torna.

[3] No livro **PODER PESSOAL:** *A FRORÇA MOTRIZ!* de autoria de Charton Maciel Baggio e também publicado pela Edições NeuroTech, você encontrará um capítulo inteiro tratando sobre o medo e a fórmula para supera-lo em busca da sua suprema realização.

[4] A **Condição para uma Boa Formulação de Objetivos/Metas** é a chave para a conquista daquilo ao qual desejamos. As cinco condições necessárias para que um sonho ou desejo deixe de ser algo do pensar para se transformar em algo realizável são: (1) ser expresso de termos positivos; (2) deve ser iniciado e mantido pela própria pessoa; (3) deve ser descrito com base no sensorial – o que vemos, ouvimos, sentimos...; (4) deve ser especificado em forma de quem, onde e quando; e, (5) deve ser ecológica para o resto do indivíduo e do sistema (familiar, de negócios) em que se vive.

[5] Na Programação neurolingüística há um pressuposto que diz: **Não há fracassos, só feedback.**

[6] KALIL, Gloria – **CHIC Homem – manual de moda e estilo**, Ed. Senac, SP, 1998.

[7] GARDENER, Howard – **A Nova Ciência da Mente** – Edusp – SP – 1995.

[8] Para maiores esclarecimentos sobre este tema, consulte o livro **Poder Pessoal:** *A Força Motriz!* e o livro **Despertar, Crescer & Agir:** *utilizando a energia primordial na busca da excelência;* ambos de Charton Maciel Baggio, o segundo possui a co-autoria de C.Gilmar H. Guedes – consultor associado da **Charton Baggio Research institute®**.

BENCHMARKING COMPORTAMENTAL

VIVENDO NUMA NOVA REALIDADE

Estamos entrando num novo período de crescimento, depois de termos vivido etapas de desenvolvimento que eram baseadas sobre as "ondas" (Alvin Toffler) um e dois - ou seja, na era da agricultura e a era da industrialização.

A primeira "onda" - a da agricultura era uma "onda" onde as coisas andavam e ainda andam em muitos lugares espalhados pelo mundo "a passos de tartaruga". Este período também chamado de agro-pastoril-mercantil durou alguns milênios (aproximadamente 6.000 anos).

Nesta etapa de nosso desenvolvimento nada mudava durante gerações e gerações. Todo o

conhecimento era passado de pai para filho e perpetuado - avós e netos faziam as mesmas coisas e tinham as mesmas crenças, os mesmos valores e os mesmos hábitos. Esta "onda" a demora era tão grande que se pode dizer que as pessoas tinham uma vida inteira pela frente para mudar - o que geralmente nunca acontecia! Nesta fase mandava quem tinha o poder da força - ou seja, aqueles que possuíssem os maiores exércitos e os melhores armamentos.

Os valores básicos eram a família, a honra e a terra que possuíam, e; para mantê-las e protege-las lutavam com toda a sua tenacidade.

"A criatividade surge da eliminação de todos os pressupostos desnecessários".

A segunda "onda" - a da industrialização, chegou à cerca de cento e vinte anos com a revolução industrial; onde se mudou por completo os valores e os critérios sócio-culturais. Aqui o valor máximo passa a ser o capital de que se dispunha (moeda, ouro, ações, etc...) e tudo passa a ser avaliado em termos em que "tempo é dinheiro", ou seja, em fatores econômicos. Nesta era o poder passa-se então da força para o dinheiro e estes se transformam nos novos poderosos da Terra. A atenção na era industrial passa a ser sobre o hardware, nas máquinas e nos equipamentos.

O ritmo de evolução começa a acelerar fazendo-se com que em seu "curto espaço de existência" (comparada a primeira "onda") ela já começa a rapidamente decair nas economias mais avançadas.

Estamos vivendo hoje uma terceira "onda" - a chamada era da informação. Esta "onda" é um lugar de interatividade onde surgem as grandes ideias e se possui muita criatividade. O poder passa do hardware (máquina) para o software (sistema); ou seja, os programas inteligentes e interativos. Seu advento deu-se pelo surgimento do computador há algumas décadas atrás; e embora, a maioria das economias mundial esteja somente agora desfrutando desta tecnologia, muitos futurólogos estão prevendo uma existência em torno de quinze e vinte anos.

Na era da informação, os valores se baseiam sobre a inteligência, nas informações de que se possui e na criatividade que se utiliza para atingir os seus resultados. A "onda" da informação possui uma atuação efetiva sobre a complexidade, um acesso quase global rapidamente, aprende-se a produzir mudanças quase que automáticas, e o passado/presente/futuro são cada vez mais intercambiáveis mentalmente.

Para muitos já se está entrando na era da quarta "onda" - chamada de a era da produtividade. Esta é tão poderosa que se pode apenas se fazer algumas ideias de muitas de suas implicações. Ela é assim chamada ("Produtividade") como relata Dudley Lynch e Paul Kordis devido aos enormes ganhos que promete em energia, nas reconstituições da matéria básica e das formas de vida, além dos avanços adicionais na área da informação. Esta é a era da robótica, da biotecnologia, da inteligência artificial e o advento da supercondutividade e de outros ganhos em energia excepcionalmente produtivos. Aqui se torna possível uma atuação efetiva sobre os códigos de projetos básicos da natureza e ganhos energéticos potenciais.

A ambigüidade é "a norma", e a elite tecnológica se expande incrivelmente. É o mundo de "Gaia" a Mãe Terra (Lovelok) dos "Fractais", da Teoria do "Caos" e da "Realidade Virtual". Esta é uma nova elite tecnológica que surge em nosso mundo.

Os futurólogos já estão prevendo uma quinta "onda" com muito mais energia e com muito mais ganhos a serem oferecidos à humanidade. Esta "onda" está sendo chamada de a era da imaginação, porque se pode prever que esse ciclo de evolução de novas tecnologias irá capacitar-nos a oferecer um grande número de novas explicações e de novas tecnologias sobre as questões fundamentais de todo o universo.

Esta será a era das grandes modalidades revolucionárias de "operações" possíveis no tempo e no espaço. Aqui, a curva de informação se contrai fazendo com que a causa e o efeito se "confundam" - exigindo-se uma percepção subjetiva muito elevada. A sondagem e o avanço acontecerão através de "perguntas profundas".

Estamos entrando no que se chama de o "Ciclo dos Empreendedores", envolvendo várias áreas da economia, o país será apoiado muito fortemente pelas micro, pequenas e médias empresas que darão um sustendo cada vez maior.

As novas empresas que surgirão com estas mudanças que estamos vivenciando hoje aqui mesmo no Brasil e bem como no mundo inteiro, serão empresas ágeis, descentralizadas e com capacidade para tomar decisões rapidamente, elas terão o enfoque nos clientes; e, aqui vale a pena ressaltar que clientes para estas empresas são: os clientes internos (empregados - que passarão a ser chamados de contribuidores), os clientes externos, os clientes fornecedores, os clientes distribuidores e assim por diante. É uma era de parceria e de relacionamento contínuo e auto-renovável. Estas empresas deverão ter grande sucesso, e as oportunidades de emprego e trabalho vão depender do sucesso destes novos negócios emergentes.

Este livro foi escrito entre outras razões, para lhe antecipar as mudanças, mostrar a força do empreendedorismo e lhes situar no ciclo de criatividade que vem pela frente.

A terceirização em grandes empresas, as alianças estratégicas, o aumento do poder aquisitivo, os problemas de grandes concentrações urbanas e novas exigências da população transforma-se em oportunidades para novos empreendimentos. O importante é estarmos atento aos novos públicos que estão e vão surgir em nosso mercado e em outros mercados.

Como ressalta o Professor Stephen Kanitz, estamos entrando num "Novo Ciclo de Crescimento 1994-2005" e segundo uma mostragem de José Pascoal Vaz a "Distribuição de Renda" no período de 1991 a 2000 o Brasil, terá uma grande mudança (veja quadro abaixo).

	Brasil 1991	Brasil 2000	Crescimento %
10% + Pobre	156	972	22
20%	372	1.020	12
30%	576	1.440	10
40%	798	2.026	12
50%	924	2.580	12
40%	1.236	3.060	10
30%	1.704	3.526	6
20%	2.472	4.306	6
10% + Rico	4.152	5.566	3
1% + Rico	45.444	36.000	(2)
Média	2.628	3.744	4

Com este emparelhamento da renda entre as diversas classes sociais dará ao país um novo mercado onde a produção será um fator auto-sustentável ao desenvolvimento sócio-econômico.

Necessitamos desenvolver uma legislação mais facilitadora para a criação de novos empreendimentos, visto que os estímulos virão do próprio mercado auto-ajustável. Necessita-se derrubar a burocracia do próprio registro da empresa, bem como, o nosso ensino necessita mudar; pois, o sucesso que empreendedores e pequenas empresas vêm obtendo no mundo todo, inversamente às dificuldades e fracassos das grandes corporações, exige uma revisão dos conceitos e práticas da administração moderna. Esta reflexão deve iniciar pelas universidades, que sempre se preocuparam em preparar empregados para grandes empresas, inibindo assim o espírito empreendedor de seus formandos.

O sistema vigente de ensino está única e exclusivamente voltado para educar empregados. Ele não incentiva a criatividade e, portanto, não estimula e nem mesmo prepara para o empreendedorismo.

O candidato a empreendedor acaba assim sendo desestimulado, desistindo, porque em sua vida acadêmica, ele formulou tantas hipóteses e fez tantos cálculos e estudos de viabilidade que concluiu que sua ideia era inviável. Desistindo desta, engavetando-a como tantos outros o fazem deixando-se assim para traz quem sabe grandes oportunidades empreendedoras.

Nossa própria cultura familiar também cai neste pecado de desistimulação. Muitos pais e mães ainda nos dias de hoje acreditam que o máximo em termos de futuro para seus filhos é que estes ingressem numa grande empresa ou que estes passem num concurso do Banco do Brasil. Eles nem chegam sequer a cogitar a hipótese deste jovem vir a ser um empresário de sucesso. E, muitas vezes mesmo, acaba programando-os para o fracasso de todas as suas iniciativas referentes a sua capacidade empreendedora.

Nossas escolas precisam começar a se aproximarem da iniciativa privada, levando assim para dentro das salas de aula o exemplo de empreendedores que começaram seus negócios de forma singela e hoje possuem um grande negócio devido as suas capacidades em empreender um negócio lucrativo.

"Diz-se que empresários nascem, não se fazem,..." diz Lawrence S. Cooley, presidente da *Management Systems International* de Washington D.C. *"... entretanto, temos a firme convicção de que eles podem ser desenvolvidos e que o potencial empresarial é uma qualidade muito comum entre a população em geral".*

A pergunta que vem em nossas mentes é: Podemos reconhecer um empreendedor? A resposta é sim. O empreendedor é aquele possuem as seguintes características comportamentais:

1. BUSCA OPORTUNIDADES E INICIATIVAS.
2. CORRE RISCO CALCULADO.
3. EXIGE QUALIDADE E EFICIÊNCIA.
4. POSSUI PERSISTÊNCIA.
5. É COMPROMETIDO.
6. BUSCA INFORMAÇÕES.
7. ESTABELECE METAS.
8. PLANEJA E MONITORA SISTEMATICAMENTE.
9. É PERSUASIVO E POSSUI REDES DE CONTATOS.
10. É INDEPENDENTE E AUTOCONFIANTE.

Em resumo, o empreendedor é aquele que não tem medo de correr riscos. É aquele que vê além do seu tempo. Ou seja: ele possui uma visão que ultrapassa os limites da sua época e descobre assim oportunidades onde a grande maioria das pessoas só enxerga problemas. Eles têm coerência entre o seu discurso e a prática. Eles são humildes o bastante para se colocarem na posição de ser um *office-boy* e presidente simultaneamente, e sabem conviver com uma renda oscilante. Tudo isto acompanhado por um idealismo.

O empreendedor não despreza também a sua capacidade de sonhar, e quando o faz; alia a esta uma capacidade de planejar o seu sonho para torná-lo realista e faz crítica referente a este para que assim possa vê-lo de todos os ângulos (o dele, o dos outros e um outro muito especial - dissociado da situação, onde pode observar tudo e a todos); correndo assim como sempre riscos calculados.

A grande diferença entre um empresário e um empreendedor, é que o primeiro, é aquele que gere (mantém) um negócio sem realizar quase nenhuma contribuição inovativa. Já o empreendedor é aquele que vive realizando o que se chama de "*breakthrough*" (ou seja, rompe barreiras).

O empreendedor é empreendedor, pois possuem uma habilidade comportamental de se antecipar, de ver novos mercados de descobrir oportunidades. Um empresário geralmente vê problemas, dificuldades.　　　Como exemplo destes dois, podemos citar a copa do mundo que se realizou em 1994 nos Estados Unidos. Lá os empresários entraram naqueles gigantescos estádios e pensaram: "Que **PROBLEMA** teremos aqui, milhares de pessoas sentadas em arquibancadas duras, sobre o sol em suas cabeças; e, com toda esta multidão que estará sentada aqui não poderá sequer buscar um refresco ou algo para comer durante os jogos - NÃO VAI DAR CERTO!".

No entanto, o mundo está cheio de empreendedores e estes ao chegarem no mesmo estádio, pensaram: "Que **OPORTUNIDADE** teremos aqui, milhares de pessoas sentadas em arquibancadas duras (que poderei vender almofadas e acentos macios), sobre o sol em suas cabeças (que poderei vender-lhes bonés, chapéus e viseiras); e, com toda esta multidão que estará sentada aqui não poderá sequer buscar um refresco ou algo para comer durante os jogos (portanto colocarei vendedores de refrescos e alimentos circulando entre eles) - VAI SER UM SUCESSO!". É uma mudança de "Paradigma"!

O Empreendedorismo

Muitos "empresários" administram os seus negócios baseados no "Modelo Piramidal" ao qual consideramos um "Modelo Antigo" e deficiente de se administrar um negócio. Este "Modelo" costuma ter uma estrutura complexa no seu organograma, no entanto poderíamos simplificá-lo dizendo-se que esta pirâmide é formada por três escalões - principais. O primeiro e mais importante, o "Topo" da pirâmide, intocável e impenetrável, pois é lá onde se posiciona a supremacia da prepotência – o presidente.

Abaixo do presidente nós encontramos um grande número de pessoas que custam dinheiro para a organização. São os diretores, administradores, gerentes, pessoal de escritório, recepção, enfim; as pessoas que não produzem dinheiro para a empresa - apenas controlam. E, por último encontramos a base ("o chão") da pirâmide onde estão presentes todos os funcionários que fazem dinheiro para a companhia.

"Se você é uma pessoa que possui uma grande energia e criatividade (vive provocando o caos em sua volta) busque fazer uma parceria com uma pessoa preguiçosa e inteligente – ela organizará tudo isso".

Este tipo de empresário atua sobre o princípio que diz: "O que VOCÊS podem fazer para que EU ganhe mais".As conseqüências desta estrutura é que este tipo de empresa acaba deixando de ser uma grande empresa, regredindo o seu tamanho e estrutura. Ou, elas literalmente afundam.

Este "Modelo Antigo" de gerir negócios acaba por trazer sérias conseqüências para a empresa que acabam fazendo um corte drástico em quase todos os seus recursos (os humanos). Elas alargam a sua base (os que fazem dinheiro), demitem uma grande parcelas de seu estafe intermediário (os que custam dinheiro) começam a gerir seus negócios com "cortes de despesas", adotam o *just in time*, fazem "horizontalização", iniciam a abordagem *kaizen* e começam a utilizar os princípios do TQC (*Total Control Quality*).

No entanto, tudo isto é em vão, eles não mudam a sua mentalidade e continuam baseando o seu negócio sobre o foco do "o que seus funcionários podem fazer para ele ganhar mais". Eles se esquecem que por traz de qualquer processo existem pessoas, e que estas precisam de uma atenção especial (treinamento, monitoramento, motivação, etc.).

O empreendedor já se apercebeu disso há muito tempo e é por esta razão que eles são os grandes *"doers"* (os fazedores). O empreendedor possui uma mentalidade diferente de gerir empreendimentos, ele baseia-se na seguinte premissa:

"O que EU posso fazer para que NÓS ganhemos mais".

Eles invertem a pirâmide e se colocam na posição de sustentadoreres daqueles que para ele são os que facilitam e suportam os que fazem dinheiro (os mesmos que custam dinheiro no "Modelo Antigo"), e acima ele posiciona os que fazem dinheiro para a sua empresa. Este é um "Modelo Novo" de gerir negócios.

Como conseqüência deste "Novo Modelo", é que acaba por acontecer um agigantamento de sua empresa; ou, ela se multiplica em pequenas outras empresas. É o caso da franchising, das redes de lojas, etc.

O empreendedor conhece a unidade de tarefa básica de seu empreendimento. Ele sabe identificar uma necessidade de mercado e para isso ele aciona sua empresa para supri-la colocando todos os setores para realizar isso de uma forma sinérgica e quando preciso, eles sabem buscar em terceiros (fornecedores) o que podem vir a precisar para suprir esta necessidade detectada e em curto espaço de tempo estarão lançando no mercado o seu produto, e com isto, satisfazendo o mercado consumidor.

O empreendedor sabe que ele não precisa ser o proprietário de uma grande empresa para obter sucesso. Ele sabe das vantagens de ser pequeno. E, estas vantagens são que o tornam mais rápido e consequentemente podem dar respostas mais rápidas. Eles conseguem assim ficar mais próximo aos seus clientes e possuem o desejo de inovação constante para competir com os grandes.

As oportunidades são enormes, eles podem prestar serviço as grandes corporações através da terceirização em vez de atender a um mercado consumidor. Não é mais uma questão de quem está em cima ou quem esta em baixo (Grandes e Pequenos). Há hoje uma alternância auto-sustentável preconcebida de negócio.

A grande tendência mercadológica hoje em dia é o setor de computação principalmente na área de software, e muitos empreendimentos estão sendo realizados em cima desta oportunidade que dominará o mercado nos próximos anos. A grande tragédia é que as ideias são como insetos: de muitos que nascem, poucos chegam à maturidade. Como podemos lidar com isso? É dando-se conta de que podemos pegar uma boa ideia e implementá-la (fazendo-as acontecer) e nos descartarmos de todas as outras.

O problema da inovação é que a maioria das grandes organizações investe bem, porém; elas implementam mal. Isto acontece em grande parte porque nos ensinaram mal a planejar. Nós (a grande maioria) planejamos mal os nossos negócios.

Do fim dos anos 60 ao início dos anos 80 observamos que os grupos corporativos de riscos internos tinham em média cinco anos e meio de vida. Já os grupos privados de capital de risco tiveram 25% de retorno sobre os seus investimentos.

O empreendedor tem que ter a capacidade de ver quem são as pessoas. Precisamos nos dar conta de que o trabalhador possui cérebro e pode ter certeza de que eles o usarão de uma forma ou de outra. A imaginação e a criatividade num projeto é noventa e nove por cento em "o que acontece" e um por cento é "como". Temos que ser sonhadores e trabalhadores (agir) ao mesmo tempo.

O que todos nós sabemos sobre os empreendedores é que estes são levados pela cobiça, que eles tomam grandes riscos, que eles costumam atirar sem antes fazer mira e que acima de tudo eles são imorais. O que o público pensa, não é real. Este é um "Modelo de Fracasso".

Os empreendedores sim são levados por uma visão clara e específica do que desejam. Eles tomam riscos, no entanto estes riscos são moderados. Um empreendedor é intuitivo e analítico simultaneamente. Eles são honestos e flexíveis, e; funcionam com o seu próprio compasso interno.

Para ser um empreendedor de sucesso devemos colocar o coração no nosso projeto - o dinheiro é uma conseqüência. Se você fizer oitenta por cento do que precisa fazer para obter sucesso realizando 100% de sua capacidade você terá fracasso. No entanto se você fizer 100% do que precisa e realizar 80% de sua capacidade terá sucesso.

Olhe para dentro de sua organização e veja se as pessoas possuem estas características. Os empreendedores fazem o seu próprio jogo. Eles não ouvem as regras. A psicologia do empreendedor é a causa e não o princípio. Eles criam padrões. Eles rompem as barreiras. Eles sabem quais regras devem seguir, quais devem se desviar e quais regras eles devem descartar.

Há dois tipos de economia: a de troca e a de presentes. A economia de troca é aquela que damos esperando algo em troca. Seus representantes são aqueles que atuam com o seguinte pressuposto: "Só quando me derem o que eu preciso, então eu darei minha contribuição".Geralmente eles estão dentro de um destes três jogos: o ganha-perde, o perde-ganha ou do perde-perde.

Os representantes da economia de presentes são aqueles que dão porque é a melhor coisa a se fazer. Eles atuam sobre o pressuposto que diz: "Se eu der aos outros o que eles precisam, então eles me darão o que eu preciso".Na economia de presentes, o status não é quanto se tem, e sim, em quanto se dá. Podemos dar dois exemplos desta economia. O primeiro na área científica e o segundo na área de informática. Vejamos:

Dentro do mundo da ciência, não importa o quanto você sabe e sim em quanto você deu - este dar é o repassar os seus conhecimentos, e as suas informações através de palestras, conferências, etc. É a interação que conta.

Quanto maiores forem os seus relacionamentos, mais terá de retorno e divulgação de suas ideias, projetos e/ou pesquisas. Já na área de informática, como por exemplo, a "Internet", os empreendedores desta área colocaram os softwares no mercado até o ponto de todo mundo ter um e poder assim participar da "rede". A partir daí eles só precisam fazer implementações e algumas inovações destes *softwares* para as próximas gerações.

Os empreendedores são os que sonham e os que fazem. Eles são as pessoas que fazem acontecer através de seus sonhos. Para isso eles utilizam três perguntas básicas para a escolha de uma ideia. É Real? Podemos ganhar? Vale a pena?

Quando ele está respondendo a primeira pergunta, a de que se a sua escolha é real; ele cogita-se sobre: se um cliente definível existe; sobre quais necessidades e desejos estão identificados; no que a sua oferta atende melhor; e, num preço que possa aceitar.

Na fase de responder a questão sobre ganhos, existem alguns fatores chaves para o sucesso do empreendimento, são eles: o porte dos vencedores dentro da área; o número de vencedores existentes; as capacidades técnicas; a presença no mercado; a qualidade do atendimento ao cliente; a implantação de um poder crescente; e as parcerias.

Na última fase a do se vale à pena, os empreendedores se perguntam se isso combina com ele, além de ver o valor dos modelos financeiros, bem como o planejamento do negócio.

Para ele chegar se isto tudo combina com ele, o empreendedor leva em consideração o seu entusiasmo, os seus valores e seus sonhos, a sua experiência (*know how*), os seus talentos e seus recursos.

O Empreendimento Bem-Sucedido

Um dos grandes problemas que se enfrenta no mundo dos negócios é a "delegação" e somente dez por cento das pessoas conseguem se libertar desta incapacidade de delegar. Uma das chaves de sucesso é a capacidade de se baixar o nosso status para o nível dos da nossa equipe.

Para aprendermos a delegar devemos ter em mente que existem três níveis no processo de delegação, e dentro destes existem duas categorias, as do que devemos delegar e as que nós devemos fazer.

"Intenção sem ação é ILUSÃO. Ouse fazer e o futuro lhe será dado".

LAIR RIBEIRO

O que nós devemos delegar são as tarefas, as áreas de responsabilidade e a visão partilhada; e, o que nós devemos fazer é o pensamento, a integração do sistema e as decisões de grande porte.

VOCÊ DELEGA	VOCÊ FAZ AINDA
Tarefas	O pensamento
Áreas de responsabilidade	A integração do sistema
Visão partilhada	Decisões de grande porte

Os empreendedores são automotivados para a ação, ao qual os fazem prosseguir levados por sua visão de longo prazo. Eles tomam riscos moderados, utilizam a sua bússola interna (intuição) para acertar o rumo. São pessoas extremamente analíticas e primam pela honestidade.

Eles costumam criar organizações inovativas através de uma liderança visionária. Eles sabem pedir ajuda e também sabem quando o precisam fazer e como fazer para pedi-la - eles são humildes. Um empreendedor de sucesso enfoca as suas ações no cliente - e para ele seus primeiros clientes são os seus recursos humanos.

A tomada de decisões é participativa e todos são ouvidos realmente, não há demagogia. A equipe deste tipo de organização são extremamente criativas e bem-sucedidas. O empreendedor sabe que para haver sinergia é preciso se jogar limpo e aberto e por esta razão eles mostram os resultados obtidos e todos partilham o sucesso.

Os empreendedores comunicam aos funcionários não só pela razão de comunicar, e sim, porque eles sabem que para eles obterem sinergia é preciso tira-los do caos. Todos possuem uma visão clara do que esperam, e não são como um crítico de arte que diz: "Eu não sei o que é arte, mas a reconheço quando a vejo!".

A competência é uma área diferente da visão de futuro. A visão de futuro é o que nós queremos e a competência é o que nós precisamos fazer para chegar lá.

Para pedir ajuda o empreendedor costuma dizer: "Eu não sei. O objetivo está lá e eu não sei como chegar lá. No entanto, eu sei que posso chegar lá - não há dúvida quanto a isso". Além disso, eles sabem que para solicitar ajuda, eles precisam abaixar a cabeça. Eles sabem que a altura é um sinal de domínio geneticamente programado no ser humano. É importante abaixar o nosso status para se obter melhores resultados.

Enfocar os clientes, hoje faz parte do gerenciamento moderno. Nós devemos ir além das lutas internas, ultrapassando as barreiras preestabelecidas. Devemos colocar nossa atenção nas iniciativas e a autoridade deve ser alternativa.

Vivemos num mundo ao qual manda quem tiver a maior competência e maior responsabilidade (ou seja, maior habilidade de dar resposta) e este é um quesito transitório que hora está numa pessoa e noutro momento noutra. Isto é uma das coisas que se precisa ter coragem para se fazer. O empreendedor sabe que o foco no cliente é a chave para o sucesso de seu negócio e age para tal.

Na área de decisões participativas, o empreendedor abaixa a sua cabeça nivelando-se como os demais e utiliza-se da delegação. Ele sabe como, quando, quem, quanto e porque motivar. Resultado, os níveis das decisões melhoram. Para tanto, ele sabe que para isso acontecer é necessário saber ouvir e não apenas escutar o que está sendo dito. Ele consegue ler as entrelinhas. E, a última palavra fica com ele.

Uma equipe de trabalho falha quando esta possui uma agenda muito importante. No entanto, quando a equipe é mais importante que a agenda, todos saem ganhando.

As equipes bem-sucedidas são aquelas que possuem liberdade de ação. Elas possuem uma liderança efetiva e estão comprometidas com as metas da equipe como um todo. Seus objetivos são mensuráveis. Todos são responsáveis pelo resultado e por isso todos partilham tanto as vitórias quanto às derrotas. Este tipo de equipe é auto-seletivo e dão continuidade do básico.

Os empreendedores de sucesso fazem uma "Gerência de Livro Aberto", onde eles mostram os resultados a todos os seus colaboradores. Para isso eles treinam financeiramente o seu estafe para compreenderem melhor os resultados. Com isso o sucesso é partilhado e gera-se uma automotivação pelos resultados.

Iniciação a Capacidade de
Comportamento Empreendedor

O empreendedorismo é mais uma arte do que qualquer outra coisa. Como acreditamos que não precisamos nascer empreendedores para o sermos; e sim, que o empreendedorismo é baseado em características comportamentais como em estudos levantados na década de 50 pela ONU (Organização das Nações Unidas) através do PNUD (Programa das Nações Unidas para o Desenvolvimento) iniciou-se uma pesquisa referente ao "porquê?" tantas empresas faliam num curto espaço de tempo e chegou-se a conclusão de que o motivo para isto era a falta de incentivos financeiros.

Assim sendo, lançou ao mercado uma ampla gama de financiamentos e empréstimos para custear e gerir novos negócios com juros subsidiados e de longo prazo para seus pagamentos. Depois de algum tempo acabaram por constatar que isto não tinha sido o suficiente, pois, as empresas continuavam a quebrar como antes.

Então, seus especialistas concluíram que se estes empresários não estão conseguindo sobreviver mesmo tendo incentivos fiscais e financeiros, a causa deveria ser então de capacitação dos que gerem estes negócios e passaram a elaborar treinamentos de altíssimo nível para a classe empresarial.

O resultado foi o mesmo - as empresas continuavam a quebrar num curto espaço de tempo.

Tentando achar uma solução para este problema que parecia insolúvel, pois se tinha dado incentivos fiscais e financeiros além de treinamentos de alto nível para a classe empresarial e de nada ou muito pouco se havia conseguido.

"O sucesso nos negócios dependem de 1% de inspiração e 99% de transpiração"

Descobriu-se então que um psicólogo de Harvard chamado David MacClelland estava realizando uma pesquisa a nível comportamental em empreendedores bem sucedidos por todo o mundo e que estes apresentavam características muito similares, fossem eles asiáticos, europeus, americanos ou latinos.

Medindo cientificamente MacClelland pode definir os motivos destes empreendedores. Através das pesquisas de MacClelland chegou-se a três "conjuntos comportamentais" que hora são divididos em dez características, onde cada uma destas características possui três comportamentos empreendedores; assim formando-se a base de trinta capacidades comportamentais empreendedoras que estão presentes em todos os grandes empreendedores.

Ainda através desta pesquisa chegou-se a um fato curioso, em que, estes empreendedores entrevistados "faliram" em média pelo menos quatro vezes antes de atingirem o sucesso. Por conseguinte estes conhecimentos aqui expostos servirão para você realizar um *Benchmarking* da excelência empreendedora e com isto evitar os erros que muitos deles tiveram.

Os três níveis motivacionais descobertos por MacClelland e presentes nos empreendedores de sucesso são:

- A Necessidade de Poder
- A Necessidade de Realização
- A Necessidade de Afiliação

A Necessidade de Poder

As pessoas interessadas em poder possuem um desejo de controlar os outros e as situações. Elas querem as coisas feitas do seu modo ou querem que outras pessoas sigam suas instruções. Estas pessoas querem construir um império. Eles são emocionalmente preocupados em conseguir manter o controle dos meios de influenciar alguém. Eles querem ganhar um ponto, mostrar domínio, convencer alguém ou em conseguir uma posição de controle, assim como evitar fraqueza ou humilhação.

Estas pessoas que se baseiam no "poder" mantém o controle dos meios de influência, através de discussões, exigindo ou forçando, dando um comando, tentando convencer ou punindo. Uma relação interpessoal que é culturalmente definida como uma que o superior tem o controle dos meios de influenciar um subordinado.

Muitos administradores têm uma grande necessidade de poder. Sua eficiência como criador do clima da companhia repousa não apenas em sua necessidade de poder, mas também nos outros valores que ele traz para seu trabalho. Um administrador precisa ter uma necessidade de poder razoavelmente alta, a fim de funcionar como líder. Se ele vai usá-la bem dependerá em grande parte dos outros valores e motivos que ele possui. Ter grande necessidade de poder não torna, automaticamente, ninguém autocrático ou autoritário. Uma boa liderança pode, realmente, ser uma função da capacidade do administrador de compreender sua necessidade de poder e de ser capaz de formar satisfatória e criativa.

A Necessidade de Realização

Uma pessoa que é primariamente interessada em realizações deseja um sentido de conquista pessoal. Elas buscam situações competitivas ou desafiadoras. Colocam-se metas realistas e alcançáveis. Estas pessoas formam um modelo de excelência pessoal.

Estas pessoas são preocupadas com um padrão de excelência: quer ganhar ou sair-se bem em uma competição; possuem padrões de bom desempenho autodeterminados; ou estão emocionalmente envolvidas em alcançar uma meta de realização. Padrões de excelência são inferidos do uso de palavras tais como *bom* ou *melhor* ou palavras semelhantes quando usadas para avaliar desempenho.

Elas geralmente estão envolvidas em uma realização única tal como uma invenção ou uma criação artística. Elas geralmente, ainda, estão envolvidas com um objetivo de longo prazo, como ter uma carreira específica ou ter sucesso na vida.

Nem sempre é funcional para o administrador, como criador do clima organizacional, ser extremamente alto neste motivo. Executivos com grande necessidade de realização tendem a ter menos reuniões do que outros executivos e tendem a querer trabalhar sozinhos, apesar de o fato de muitos problemas organizacionais poderem ser mais bem solucionados por um esforço de colaboração. Sua eficiência como administradores depende mais de seus outros valores do que apenas de sua motivação.

A pessoa, com grande necessidade de realização, quer assumir a responsabilidade pessoal pelo seu sucesso ou fracasso, gosta de assumir riscos calculados e gosta de situações nas quais receba *feedback* imediato, concreto, sobre como está obtendo êxito. Seu senso de responsabilidade pessoal impede-a de delegar autoridade, a menos que ela possua valores que lhe permitam ver o desenvolvimento de uma organização viável como um objetivo de realização legítimo.

A Necessidade de Afiliação

Pessoas que são motivadas por afiliação desejam estar associadas a outras pessoas. Elas são motivadas por uma orientação social. Estas pessoas se preocupam em estabelecer, manter ou restaurar uma relação emocional positiva com outra pessoa. Amizade é a mais básica espécie de relação emocional.

Elas gostam ou querem que se goste dela. São pessoas que sentem tristeza e pesar ou tomam uma ação no sentido de restaurar uma relação. Suas atividades afiliativas são: as festas, reuniões, visitas, ou apenas bate-papos informais. Elas gostam de consolar e estão preocupadas com a felicidade ou bem-estar de outras pessoas.

As pessoas com apenas grande necessidade de afiliação são vistas como ineficientes na prestação de auxílio, provavelmente porque elas temem romper os relacionamentos pela franqueza e confrontação. As pessoas que eram vistas como de real auxílio tendiam a ter aproximadamente a mesma força nos três motivos, não sendo extremamente altos ou baixos em nenhum deles.

Embora uma forte necessidade de afiliação não pareça ser central para a liderança e para o desempenho administrativo, alguma preocupação com os sentimentos dos outros é necessária.

Comunicar-se com os outros de forma amistosa, afetuosa, é de real importância para a realização dos objetivos organizacionais. Quando as pessoas podem colaborar e comunicar na realização de tarefas, o clima da organização melhora.

O comportamento é função da pessoa e do seu ambiente. O comportamento relacionado com realização, afiliação ou poder é uma função dos interesses motivacionais da pessoa e de sua percepção sobre como esses interesses irão ser recompensados, pelo meio ambiente no qual ela se encontra - isto é, sua percepção do clima organizacional.

As Características de
Comportamento Empreendedor

Cada um dos conjuntos estudado anteriormente, possui uma série de características e cada uma destas características possuem três comportamentos de sucesso empreendedorístico. A seguir apresentarei os três conjuntos e cada um destes com suas características (somando um total de dez características) e dentro de cada uma delas os seus três respectivos comportamentos empreendedores. Assim sendo, você poderá ter uma visão global sobre o tema.

O primeiro conjunto, o de "Realização" é composto por cinco características e consecutivamente por quinze capacidades de comportamento empreendedor. O segundo conjunto, o de "Planejamento" é constituído por mais três características e com isto também possui um total de nove capacidades de comportamento empreendedor. O último conjunto, o de "Poder" é composto por duas características e por seis capacidades de comportamento, perfazendo-se assim um total de três conjuntos, dez características e trinta capacidades de comportamento empreendedor.

Cada uma das seguintes características de comportamento empreendedor possui duas faces de uma mesma moeda, ou seja; cada um destes possui o seu lado Yng e o seu lado Yang (o lado bom e o seu lado negro).

Estas características são como a história da triologia de George Lucas ("Guerra nas Estrelas", "O Império Contra-Ataca" e "O Retorno de Jedi") onde o terrível Darth Vader simboliza o "Lado Negro da Força" e o jovem Luke Skywalker o Jedi (Lado Harmônico da Força).

O Lado Negro ao qual me refiro aqui é o praticar em demasia a um comportamento a ponto de ultrapassar o limiar e causar um efeito ao contrário no empreendedor. Também é bom mencionar aqui que todos os títulos e numerações que você verá a seguir são apenas formas encontradas para se definir os comportamentos de maneira a torná-los didáticos. Vejamos:

O Conjunto de Realizações

BUSCA DE OPORTUNIDADE E INICIATIVA

A "Busca de Oportunidade e Iniciativa" é a capacidade visionária do empreendedor em vislumbrar um futuro promissor, trazendo com isto uma série de quesitos para o desenvolvimento sócio-econômico não apenas dele, mas sim, de todos os que dele puderem desfrutar.

O lado obscuro desta característica é o que chamamos de **"oportunismo"**. Algumas pessoas chegam a um ponto onde se tornam oportunistas das situações e às vezes criam situações que se enquadram dentro desta mentalidade que em outras palavras é a de levar vantagem em tudo. Os seus três comportamentos são:

- *Faz as coisas antes de solicitado ou forçado pelas circunstâncias.* A palavra chave aqui é *"Antes"*. O empreendedor age sempre se antecipando a quaisquer obstáculos que possam vir a surgir. Eles antecipam os fatos e com isto conseguem manipular (no bom sentido da palavra) as circunstâncias.

- *Age para expandir o negócio a novas áreas, produtos ou serviços.* Aqui a palavra chave é *"Expandir"*. Um empreendedor está sempre pronto e aberto a expandir os seus negócios, os seus empreendimentos, os seus horizontes, para novas áreas e produtos. Para ele uma pessoa não necessita ficar estagnada numa única ideia. Os empreendedores costumam colocar os seus ovos em varias cestas e com esta atitude eles acabam por criar uma mentalidade de abundância em suas vidas e em seus negócios. É deles que partem as farturas de recursos, sejam estes; tempo ou dinheiro.

- *Aproveitam oportunidades fora do comum para começar um negócio novo, obter financiamento, equipamentos, terrenos, local de trabalho ou assistência.* Como palavra chave nesta terceira capacidade de comportamento empreendedor encontramos a sentença *"Fora do Comum"*. Os empreendedores conseguem descobrir e aproveitar situações fora do comum para expandirem seus negócios. São eles que realizam o *breakthrough* (rompem barreiras). São eles que quando chega a crise, em vez de vê-la como uma situação perigosa eles conseguem perceber oportunidades que são fora do comum para o seu empreendimento.

PERSISTÊNCIA

Para o empreendedor a persistência é o "ter um objetivo". Esta é a mais importante característica empreendedora.

A persistência é o combustível do empreendedor e ela é também a **espinha dorsal dos demais comportamentos**. Quando os outros começam a desistir de um projeto, o empreendedor utiliza-se desta característica e como que se tivesse um tubo de oxigênio extra ele encontra fôlego para continuar em seu caminho preestabelecido. O lado obscuro desta característica encontra-se quando um sujeito não possui um objetivo preestabelecido e sua persistência vira em **teimosia**. Aqui é muito importante nos fazermos a seguinte pergunta: "Eu estou teimando ou persistindo...?"

- *Age diante de um obstáculo significativo.* Um *"Obstáculo Significativo"* é a sentença chave dentro deste comportamento empreendedor. Pois, os empreendedores só agem diante de obstáculos que tenham algum significado especial para eles. Eles sabem quando devem render-se, quando devem recuar ou quando devem atacar.

- *Age repetidamente ou muda para uma estratégia alternativa a fim de enfrentar um desafio ou superar um obstáculo.* Neste comportamento encontra-se como sentença *"A Fim De"* como a principal sentença.

O empreendedor muda de estratégia sempre com algum objetivo já estabelecido para que assim possa enfrentar melhor a situação que este se depara no determinado momento. Ele só faz esta alteração, pois possui algo muito bem formulado a fim de transformar o obstáculo em uma oportunidade de descoberta e crescimento.

- *Assume responsabilidade pessoal pelo desempenho à obtenção dos objetivos. "Responsabilidade Pessoal"*, esta é a sentença chave deste comportamento. Os empreendedores responsáveis por tudo àquilo que lhes acontece ou por tudo aquilo que eles fazem acontecer. Eles possuem livre arbítrio neste universo e não ficam passivamente esperando acontecer. Eles acreditam que se o nosso destino já está escrito, ele o está escrito a lápis e pode ser apagado e rescrito segundo a sua vontade.

COMPROMETIMENTO

O comprometimento é a honra do empreendedor. Comprometimento é bem diferente de envolvimento. Numa fábrica de embutidos o funcionário está envolvido com o processo de enchimento dos embutidos, já; o porco está comprometido com o processo - pois, para se ter o embutido ele precisou dar a sua vida. Esta é a diferença entre comprometimento e envolvimento. O empreendedor está sempre disposto em dar alguma coisa além, de se sacrificar para garantir o seu sucesso.

O lado obscuro desta característica começa a ocorrer quando se acaba o tempo ao qual se despendia para com a família, para com a sociedade, para com os amigos, e assim por diante. É a **falta de equilíbrio** entre as diversas áreas de nossa existência (família, trabalho, sociedade, espiritual, cultural, etc...)

- *Faz um sacrifício pessoal ou despende um esforço extraordinário para completar uma tarefa.* Neste comportamento encontramos duas sentenças primordiais: a primeira é o *"Sacrifício Pessoal"* e a segunda é o *"Esforço Extraordinário"*.

Um empreendedor está sempre ciente de que precisa fazer um sacrifício pessoal para com o seu empreendimento, no entanto isto não quer dizer que seja sempre. Ele também está ciente de que poderá precisar realizar um esforço extraordinário para o cumprimento de algo que foi por ele assumido.

- *Junta-se aos empregados ou se coloca no lugar deles se necessário para terminar um trabalho.* Deste comportamento o empreendedor tira como sentença chave o *"Terminar um Trabalho"*. Para ele, está em jogo a conclusão da tarefa ao qual ele se propôs realizar e que deu a sua palavra, nem que para que esta seja concluída ele tenha que arregaçar as suas mangas e por a "mão na massa".

- *Esmera-se em manter os clientes e coloca em primeiro lugar a boa vontade em longo prazo, acima do lucro em curto prazo.* Para um empreendedor *"A Boa Vontade a Longo Prazo, acima do Lucro a Curto*

Prazo" é a sentença principal deste comportamento. Um empreendedor nunca pensa no curto prazo ainda mais quando o assunto tratado for o relacionamento interpessoal.

Ele foca nos relacionamentos, ele os cultiva, e colhe seus frutos ao longo do tempo.

EXIGÊNCIA DE QUALIDADE E EFICIÊNCIA

O lado obscuro desta característica é a insatisfação, a angústia, ou seja, a **obsessão**. É o não saber colocar o seu produto ou serviço no mercado, pois nunca está bom o suficiente a ponto de se lançar o produto/serviço no mercado consumidor.

O empreendedor possui uma capacidade inata de exigência de qualidade e de eficiência é foi a partir destes que começaram a surgir o que hoje conhecemos com os nomes de TQC (*Total Quality Control*) - qualidade total; os selos conferidos com a obtenção do Certificado ISO 9000 (e suas variações); e assim por diante.

É a busca constante da perfeição, da conquista e do encantamento dos seus consumidores. Vejamos a seguir os três comportamentos desta característica:

- *Encontra maneiras de fazer as coisas melhor, mais rápido ou mais barato.* Um empreendedor tem como ponto chave neste comportamento a sentença *"Melhor, Mais Rápido ou Mais Barato"*. Ele está sempre pensando em como fazer para diminuir os custos e com isto o preço final ao consumidor, em como fabricar ou fazer algo com mais qualidade (ou seja, de uma maneira melhor do que a anterior) e ainda; em fazê-la ou oferece-la a tempo "zero" para suprir uma necessidade. Ele sempre procura se superar um pouco nem que seja "zero virgula zero alguma coisa".

- *Age de maneira a fazer coisas que satisfazem ou excedem padrões de excelência.* Os empreendedores estão sempre preocupados em *"Satisfazer ou Exceder"* algo, que é o ponto chave deste comportamento. Eles estão sempre fazendo algo a mais do que foi pedido e com isto eles conseguem encantar os seus clientes.

- *Desenvolve ou utiliza procedimentos para assegurar que o trabalho seja terminado a tempo ou que o trabalho atenda padrões de qualidade previamente combinados.* O ponto chave deste comportamento está na sentença que diz: *"Assegurar Que o Trabalho Seja Terminado a Tempo"*. Os empreendedores estão cientes de seus compromissos e cientes dos compromissos por parte de seus clientes, por esta razão é que eles levam muito a sério este comportamento.

CORRER RISCOS CALCULADOS

A última característica deste conjunto de realização é a de "Correr Riscos calculados". Aqui o encontramos como lado obscuro à **manipulação dos resultados** o que faz com que a pessoa nunca tenha dados confiáveis e com isto acaba por provocar auto-sabotagem em seus próprios resultados.

Um empreendedor sempre correrá riscos calculados. Eles não gostam de jogos de azar e consequentemente não os jogam. Quando você vê pessoas jogando roleta, pôquer, caça níqueis, etc... pode ter certeza esta pessoa não é um empreendedor, ela pode ser sim é o filho de um empreendedor.

Os empreendedores entre "dados" e "dardos" escolhem sempre os "dardos" - pois; assim, eles podem monitorar os seus resultados - coisa que já não há possibilidade de acontecer com os "dados" que depende do acaso. Os empreendedores jamais deixam as coisas por conta do acaso e sim assumem eles mesmos o monitoramento do seu empreendimento.

- *Avalia alternativa e calcula riscos deliberadamente.* A palavra chave encontrada neste comportamento é: *"Deliberadamente"*. Os empreendedores sempre atuam com estratégias deliberadas para controlarem os seus resultados.

- *Age para reduzir os riscos ou controlar os resultados.* O empreendedor *"Age"* para reduzir os seus riscos e controlar os seus resultados. Eles não gostam de deixar as coisas para o acaso.

  Eles estão sempre fazendo alguma coisa para poderem controlar os seus resultados. Eles estão sempre agindo para reduzir os seus riscos.

- *Coloca-se em situações que implicam desafios ou riscos moderados.* Neste comportamento empreendedor temos a sentença *"Riscos Moderados"* como sentença chave. Os empreendedores possuem registros, controles, dados e informações e as utilizam para reduzirem os seus riscos e assim obterem os maiores benefícios possíveis.

O Conjunto de Planejamento

ESTABELECIMENTO DE METAS

O "Estabelecimento de Metas" é a mais poderosa das características do empreendedor. Se a "Persistência" é o combustível do empreendedor, o "Estabelecimento de Metas" é o motor deste, é o que faz girar todas as outras características e a mover todos os comportamentos.

O lado obscuro é a perseguição de uma meta que já não se sabe mais o porque se está fazendo. É o **não possuir um significado pessoal que nos motiva.**

- *Estabelece metas e objetivos que são desafiantes e que têm significado pessoal.* O empreendedor estabelece metas que sejam *"Desafiantes"* e que possuam um *"Significado"* pessoal. Eles não gostam de coisas fáceis, eles gostam de desafios, mas, desafios que tenham um significado que seja pessoal. Em tudo o que eles fazem, eles não deixam por conta do acaso, eles monitoram, controlam; e para isto eles precisam ter tudo preestabelecido.

- *Define metas de longo prazo, claras e específicas.* Quando estabelecem metas eles as fazem a *"Longo Prazo, Claras e Específicas"*. Este é o ponto chave do estabelecimento de metas. Elas têm que ser em longo prazo para poder se ter uma visão mais ampla do nosso querer, para isto nossas metas tem que ser claras, isto é; elas têm que ter características próprias e que sejam possíveis de se saber quando vamos as atingindo (para isto nós precisamos saber o que vamos ver, ouvir/escutar, bem como o que iremos sentir quando as atingirmos). Nossas metas também precisam ser específicas, ou seja; elas precisam preencher as seguintes perguntas: O quê? Quando? Onde? Como? Com quem? Por quê?

- *Estabelece objetivos de curto prazo mensuráveis.* O ponto chave deste comportamento é: *"Curto Prazo Mensurável"*. Os empreendedores também possuem metas de curto prazo que sejam mensuráveis, ou seja; capazes de serem medidas/monitoradas. Pois para se atingir nossos objetivos de longo prazo precisamos preencher uma série de outros pequenos objetivos galgando-se assim níveis cada vez mais elevados e mais próximos de nosso objetivo maior preestabelecido.

BUSCA DE INFORMAÇÕES

A "Busca de Informações" é o alicerce de todo empreendimento bem sucedido. É à base da empresa. O empreendedor as busca e as usa para poder toar as suas decisões.

O lado obscuro desta característica é o **não saber filtrar**, ou seja; possuir informações em excesso; chegando-se a ponto de não saber mais qual é a fonte, e pior ainda, utilizando informações que já estão obsoletas.

O empreendedor dá primazia a busca de informações atualizadas através de sua rede de contatos ao qual ele a trata com muito cuidado, pois sabe que o futuro de seu empreendimento esta baseada na veracidade e na qualidade das informações as quais lhe chegam.

- *Dedica-se pessoalmente a obter informações de clientes, fornecedores e concorrentes.* O empreendedor *"Dedica-se Pessoalmente a Obter Informações"*, ele assume esta função, pois ele sabe do valor que ela possui para o seu futuro como empreendedor. Ele está continuamente voltado ao mercado tirando dele todas as informações de que necessita para prosseguir competitivo neste mercado global ao qual vivemos.

- *Investiga pessoalmente como fabricar um produto ou fornecer um serviço.* A sentença chave constante neste comportamento é a *"Investigação Pessoal"*. Eles estão sempre atentos, de olhos bem abertos e de ouvidos ligados a tudo em sua volta.

Eles não olham um cardápio só para escolherem o que irão pedir, mas sim, para poderem tirar dele informações de que necessitam, e assim por diante. Eles estão sempre ligados a tudo e a todos.

- *Consulta especialista para obter assessoria técnica ou comercial.* O empreendedor sabe e tem a humildade de reconhecer que não sabe tudo e por isto ele constantemente *"Consulta Especialista"* para suprirem suas fraquezas e para descobrirem o que precisam para implementar alguma coisa que eles tem em mente ou que já esteja em andamento. Estes especialistas podem ser: consultores, políticos, advogados, agentes financeiros, banqueiros, correntistas, entre outros...

PLANEJAMENTO E MONITORAMENTO SISTEMÁTICOS

O "Planejamento e Monitoramento Sistemáticos" são a última característica deste Conjunto de Planejamento. Esta característica é o mapa do empreendedor. É um documento de resultados. É o pensar para frente monitorando este caminho a ser trilhado. É o colocar no papel, estabelecendo o estado atual (onde se encontra/como está) e o estágio desejado (onde se quer chegar).

Para isso o empreendedor precisa ser flexível. O empreendedor fixa suas metas e flexibiliza os caminhos para se chegar nelas. O lado obscuro desta característica empreendedora é a **inflexibilidade**. É o ficar sem alternativas para se chegar a seu objetivo estabelecido.

- *Planeja, dividindo tarefas de grande porte em subtarefas com prazos definidos.* Como fator chave deste comportamento podemos tirar o *"Dividir Tarefas"*. O empreendedor sabe como se "come um elefante" e o segredo para isto é comê-lo pedacinho por pedacinho. Eles são mestres em realizar *"chunks"*, ou seja, quebrar em pedacinhos tarefas complexas tornando-as acessíveis e fáceis de serem atingidas.

- *Revisam os planos feitos, baseando-se em informações sobre o desempenho real e em novas circunstâncias.* A palavra chave aqui é: *"Revisa"*. Os empreendedores revisam constantemente os seus planos através de um monitoramento sistemático ao qual os possibilita acertar o rumo de sua trajetória em direção ao seu alvo.

- *Mantém registros financeiros e utiliza-os para tomar decisões.* Como o empreendedor sabe de que necessita de informações sempre precisas e de qualidade, a sentença chave deste comportamento é: *"Mantém Registros Financeiros"*, aos quais eles podem constantemente avaliar e projetar seus investimentos.

O Conjunto de Poder

PERSUASÃO E REDE DE CONTATOS

Os empreendedores sabem utilizar as suas habilidades persuasivas e a sua rede de contato com tranqüilidade, e as mantém através do jogo ganha-ganha.

A persuasão e a rede de contatos são duas características muito bem utilizadas pelos empreendedores, que sabem se beneficiar delas, de forma íntegra, ética e honrada.

O lado obscuro desta característica é o enganar, ou seja, a **falta de transparência**. É quando se age de forma obscura fazendo-se parecer que aquilo que se está pretendendo é bom para ambas às partes, porém quando o outro se dá por conta era um jogo ganha-perde.

- **Utiliza estratégias deliberadas para influenciar ou persuadir os outros.** A sentença chave deste comportamento é: **"Estratégias Deliberadas"**, ou seja, estratégias pensadas com antecedência para se atingir a um objetivo. O empreendedor pensa sempre com antecedência e assim ele consegue estar no controle e estar monitorando os resultados. Ele pensa e age antecipadamente, obtendo com isso maiores e melhores resultados.

- **Utiliza pessoas-chave como agentes para atingir seus próprios objetivos.** Os empreendedores **"Utilizam Pessoas-Chave"** para conseguirem o que desejam. Quando eles precisam de algo eles sabem qual é a fonte ou qual é o caminho mais fácil de se chegar nela e as utilizam para alcançar o que desejam. Eles sabem utilizar desta característica como ninguém.

- **Age para desenvolver e manter relações comerciais.** A palavra chave para o empreendedor neste comportamento é **"Manter"**. Pois, manter é uma habilidade ao qual ele se dá ao luxo de cultivá-la e aprimorá-la constantemente. Assim, ele pode continuar com seu negócio em "bons ventos".

INDEPENDÊNCIA E AUTOCONFIANÇA

A "Independência" e a "Autoconfiança" é fundamental para o empreendedor. Esta característica empreendedora é como um lago profundo e sereno; onde nossas capacidades de independência e autoconfiança se transformam em um grande aliado para nosso desenvolvimento empreendedor.

O lado obscuro desta característica é a **auto-suficiência**. É o achar que se sabe tudo e assim rejeitar (não aceitar) o feedback. Quando isto ocorre deixamos de aprender e acabamos por deixar passar oportunidades que nos seriam de grande valia.

- **Busca autonomia em relação a normas e controles de outros.** **"Autonomia"** é a palavra chave deste comportamento empreendedor. O empreendedor vale-se de seu direito (ou faculdade) de se reger por leis próprias. Ele busca constantemente a sua independência em relação às normas e controles dos outros.

- **Mantém seu ponto de vista mesmo diante da oposição ou de resultados desanimadores.** Como sentença chave deste comportamento empreendedor destaca-se o **"Manter Seu Ponto de Vista"**. Um empreendedor sabe o que quer, sabe o que precisa para chegar lá e se dá a chance de conseguir o que quer; não importando as adversidades que possam vir a surgir.

- **Expressa confiança na sua própria capacidade de complementar uma tarefa difícil ou de enfrentar um desafio.** O empreendedor **"Confia na Sua Própria Capacidade"**, ele sabe quais são as suas potencialidades, quais os seus recursos e ainda, ele sabe quais são suas fraquezas e quais são suas deficiências e usa aos dois lados desta moeda para atingir os seus resultados e enfrentar seus desafios.

O Estabelecimento de Metas

Como já mencionamos anteriormente o Estabelecimento de Metas é a mais poderosa de todas as características empreendedoras. Ela é o motor! Por esta razão é que tratarei dela por primeiro.

"Uma jornada de mil quilômetros começa com o primeiro passo".

Para estabelecermos uma meta devemos levar em consideração alguns princípios básicos para torná-las mais objetivas. Estes princípios para um estabelecimento de metas são:

❑ Precisam ser **claros**. Ela precisar nos mostrar o que veremos, o que ouviremos e o que sentiremos quando chegarmos lá.

❑ Precisam ser **positivos**, tendo como meta o que se quer e não o que não se quer.

❑ Precisam possuir uma **data**. Pois, "algum dia" não existe no calendário, portanto, torna-se impossível o seu atingimento.

❑ Precisam ser **realistas**. Sabendo-se que Roma não foi construída em um dia.

❑ Precisam ser **objetivas**. Devemos definir muito bem qual é o alvo que iremos atingir.

❑ Precisam ser **ecológicas**. Elas têm que ser algo que seja bom para nossa vida e para a vida de todos os demais.

❑ Precisam ser **manejáveis**. Nenhum plano é perpétuo e precisamos ser flexíveis e ponderados quanto a quando mudar o rumo para atingir nossos objetivos maiores.

❑ Precisam ser **específicos**. "Mais ou Menos" não determina nenhuma realidade, pelo contrário. Nossas metas devem preencher este quesito e nos mostrar a qualquer hora: Onde? Quando? Quanto? Com quem? Como? e Por quê?

❑ Precisam ser possíveis de **medi-la**. Ela tem que ser comensurável, pois não é um desejo vago que possuímos.

❑ Precisam representar um **desafio**. Um desafio que seja pessoal e que seja automotivador.

❑ Precisam ser **equilibradas**. Nossas metas devem harmonizar os diferentes aspectos de nossa vida (trabalho, família, relacionamentos, saúde, espiritual, financeiro, etc...)

❑ Precisam ter um **significado pessoal**. Nossas metas precisam ser realmente importantes para nós a ponto de valer a pena perseguí-la.

❑ Precisam ser **relembradas**. Pois a repetição é a mãe do aprendizado e torna-se possível monitorar com maior sistematização.

"O mundo se afasta e dá passagem para o homem que sabe aonde vai".

David Starr Jordan

Para escrevermos boas metas devemos levar ainda em consideração que os verbos que utilizamos precisam ser verbos que representem uma forte ação, e estes devem ser conjugados no passado (como se a ação já houvesse acontecido). Pois nossos cérebros funcionam melhor desta maneira e pensando que isto já aconteceu, eles então precisam nos dar aquilo que já ocorreu fazendo-se assim um uso sinérgico (onde 1 + 1 = 4) de nosso cérebro.

Os tipos de verbos considerados fracos, porém muito utilizado por muitas pessoas são: coordenar, enfatizar, melhorar, organizar, supervisionar, promover, etc...

Já os verbos utilizados pelos empreendedores, são verbos com alto impacto em nossos resultados; são eles: construir, fabricar, melhorar de x a y, identificar, produzir x, vender y, etc... (sempre conjugados no passado). Por que devemos estabelecer metas ao fazer Planos de Trabalho? As razões são muitas, vejamos:

- Se um objetivo é escrito, há um aumento de sessenta por cento na probabilidade de se atingir aquele objetivo.

- Ajuda você a trabalhar "com inteligência, não só com dedicação".

- Orienta para o futuro, para os resultados.

- Identifica os resultados necessários.

- Aumenta a motivação.

- Ajuda a administrar a tensão de ser um empreendedor.

As principais desvantagens do planejamento são:

- Para uma pessoa excessivamente cautelosa, aumenta o medo do fracasso.
- Tomar decisões, fazer opções, significa também excluir outras oportunidades e alternativas.
- Aumenta a competição. Se uma pessoa der ainda maior ênfase a objetivos e tarefas, poderá excluir sua família, amigos e comunidade.
- Acontecimentos externos imprevistos podem destruir os planos: crise do petróleo, morte na família.

O que os empreendedores fazem:

- Eles têm uma visão de longo prazo de para onde estão indo.
- **Eles conhecem as suas forças e as suas fraquezas.**

Eles sempre buscam atingir os seus objetivos. Eles capitalizam sobre os seus pontos fortes e antecipam os problemas que podem surgir por causa de suas fraquezas.

/

Planejamento: enfermidades, Sintomas e tratamentos

Enfermidades	Sintomas	Tratamentos
Falta de metas reais	Metas vagas, gerais. Metas não específicas, não mensuráveis, sem prazos estipulados, falta de submetas e ações detalhadas a serem tomadas. Orientação para atividades, não para metas.	Determinar o específico, com tempo estipulado, metas mensuráveis, submetas em ações detalhadas. Manter em mente o objetivo global. Identificar oportunidades na busca das metas.
Falta de previsão dos obstáculos	Otimismo excessivo. Ausência de estratégias alternativas. Falta de reconhecimento de conflitos. Não cumprimento dos prazos de entrega e previsões de tempo das tarefas. Não foi obtido apoio necessário.	Ser flexível no planejamento, prever todos os obstáculos possíveis e como superá-los. Enfrentar obstáculos imprevistos com confiança - sempre haverá algum. Pedir sugestões a outras pessoas - "Ou Predominam as crises. Que poderia dar errado ou atrapalhar nosso caminho?" A chave é o realismo.
Falta de etapas-chave e avaliação do processo	"Isto pode esperar". "Me lembrarei disso". "Saberei onde estamos quando chegarmos lá deixemos que as coisas aconteçam". Não sei realmente como estão as coisas. Orientação a curto prazo. Não me lembro da última vez que revisamos como	Estabelecer etapas-chave específicas e datas de revisão do progresso alcançado; revisá-las quando necessário. Pergunte-se diariamente: "O que realizei hoje para alcançar minha meta?". "O que aprendi que me ajudará a progredir mais

ENFERMIDADES	SINTOMAS	TRATAMENTOS
	estamos indo. Não há revisões recentes do plano.	rápido?"
Falta de compromisso	"Eu lhe disse que não funcionaria - não era este o meu plano!" Adiamento de atividades. Concentração nas rotinas, atividades diárias. Insucesso no alcance das metas, falta de etapas-chave. Não desenvolvimento de medidas específicas para o alcance das metas. Falta de prioridades. Não comparecimento em reuniões, compromissos.	Reunir-se periodicamente para revisão das metas, do progresso e para avaliação da situação. Mudar a ênfase e os métodos, conforme apropriado. Criar um clima tolerante para as más críticas e comentários construtivos.
Falta de revisão das metas	O plano nunca muda, não há flexibilidade ou teimosia frente às circunstâncias que requerem mudanças. Metas não alcançadas ou excedidas. Impassível frente a situações de mudança. Não há busca de ajuda quando necessário. Tempo desperdiçado ou tarefas/atividades improdutivas. Atividades não estão de acordo com prioridades para o alcance das metas.	Estabelecer metas em conjunto; fazer revisões, negociações, assumir compromissos e compartilhar dados em grupo. Reunir-se periodicamente e discutir o progresso. Estimular discussões informais entre os membros da equipe, tanto para testá-los como para renovar compromissos. Manter os membros da equipe informados sobre os resultados obtidos. Reconhecer e recompensar performances que estão de acordo com seus padrões.
Falta de aprendizado pela experiência	Perda de vista das metas. Erros repetidos. Comentários são	Estabelecer objetivos de melhoras e aprendizado. Utilizar etapas-chave e

Enfermidades	Sintomas	Tratamentos
	ignorados ou negados. Mesma rotina - mesmas crises de sempre. Relutância em modificar a maneira de se fazer às coisas. Falta de questionamento: "O que aprendemos com esta experiência?"	reportar-se às mesmas periodicamente. Colaborar com mais freqüência com o processo de avaliação do progresso e aprendizado. Documentar, ao final de um plano/projeto, lições, esboços, diretrizes que surgiram. O que foi aprendido? Ser adaptável, flexível e sensível a situações que se apresentem. Uma nova empresa é cheia de surpresas. Concentrar-se na obtenção de resultados, não em menos relatos.

A Busca de Oportunidade e Iniciativa

Todo negócio procura atender a uma necessidade diagnosticada de mercado. Como já dizia Chaw se a única ferramenta que você possui é um martelo, então, você pensa que todo o problema é prego. Isto vem mostrar que muitos empresários pensam que o seu produto ou serviço é tudo o que necessitam para abrirem novos mercados, criarem novas oportunidades, realizarem novas iniciativas e satisfazerem seus clientes e clientes potenciais. Grave engano!

Quando conseguimos criar o que se chama de "Tensão Estrutural" em nosso cérebro que faz com que uma de duas coisas aconteça: a primeira seria a de que ele a partir de uma tensão intensa explodi-se; isto é, o cérebro se desintegraria deixando-nos pirados, loucos, insanos.

"Onde os outros vêem problemas, o empreendedor vê oportunidades".

A segunda possibilidade seria a de que ele através desta intensa tensão absorve-se e a utiliza-se para atingir novos patamares de performance em pensar. Isto é o que acontece com os empreendedores quando eles possuem uma clara visão do que querem.

As ideias são inúteis para os empreendedores, a menos que, alguém esteja disposto a pagar por elas. Esta é uma lei que o empreendedor utiliza-a com veemência - se o mercado de consumo estiver disposto a pagar - prossegue, caso contrário muda de enfoque.

A melhor maneira de nos treinarmos a perceber novas oportunidades e assim realizar novas iniciativas é exercitando-nos; portanto, vamos nos exercitar!

Dedique-se a este exercício de "Geração de Oportunidades" e talvez, dependendo de seus esforços, você descubra coisas muito interessantes. A liderança é algo que se pode aprender, mas exige coragem. Apenas os autoconfiantes podem liderar.

O seguinte exercício servirá para você aperceber-se dos problemas e das necessidades que não estão sendo satisfeitas em sua comunidade, bem como os recursos subtilizados. Através desta reflexão você poderá realizar uma série de reflexões por intermédio de associações e de estudos adequados que o levarão a desvendar oportunidades latentes em sua própria comunidade que poderão ser alvos de novas iniciativas de expansão e mesmo de diversificação de seus negócios. Quem sabe, não surjam aí novas oportunidades que você nem mesmo sabia que sabia que elas poderiam existir. Mãos a obra.

"Muitas vezes a mera formulação de um problema resulta ser mais essencial que a sua solução. Fazer novas perguntas, fixar novas possibilidades, estudar velhos problemas proveniente de novos ângulos, requer-se uma imaginação criativa e estabelece avanços reais na ciência".

Albert Einstein

Relacione os Problemas ou as Necessidades Não Satisfeitas na Sua Comunidade (por exemplo: falta de hortifrutigranjeiros, necessidade de diversões noturnas, etc...)

_____

_____

_____

_____

_____

_____

_____

Relacione os Recursos Subtilizados (por exemplo: mão-de-obra qualificada, produtos de refugo, etc...)

_____

_____

_____

_____

_____

_____

_____

_____

_____

A ARTE DE CORRER RISCOS CALCULADOS

Como já dizia o general Patton *"Corra riscos calculados. Isso é bem diferente de ser afoito"*.Os empreendedores geralmente não gostam de jogos de azar, mas gostam de competir em situações nas quais sentem que "eles" são os responsáveis pelo resultado, e não uma roleta ou um cavalo.

O dinheiro em si provavelmente não fará grande diferença sobre o desempenho de um empreendedor; seu principal interesse está na tarefa, e o dinheiro é apenas um indicador de sucesso para ele. *"A fortuna..."* disse Virgilio *"... fica ao lado de quem arrisca"*.

"Tentar e errar é experiência. Não tentar é fracasso".

Quando consideram o dinheiro ao tomar decisões, os empreendedores geralmente escolhem a opção que tem maior probabilidade de lhes dar um retorno positivo sobre seu investimento, mesmo que esse retorno seja pequeno. **O fracasso é o primeiro passo no caminho do sucesso.**

Os empreendedores calculam suas chances de sucesso e evitam riscos excessivos, no entanto, eles não têm medo do fracasso.

Se não houver possibilidade de se fracassar em um empreendimento, isto é um sinal de que não há um objetivo claro e específico.

O empreendedor correr riscos calculados e por esta razão entre a escolha de dados ou dardos eles irão optar pelos dardos, pois assim podem monitorar os seus resultados e não deixar por conta do acaso (da sorte) o que irão obter. Eles costumam avaliar todas as alternativas e calculam deliberadamente todos os riscos que estão em jogo ou poderão entrar.

"Quem não arrisca não petisca"
Ditado Popular

Como empreendedor eles sabem que necessitam agir para poderem reduzir os riscos e consequentemente controlar os seus resultados. Eles são mestres em se colocarem em situações que implicam desafios e ricos que sejam moderados.

A Exigência de Qualidade e Eficiência

Uma boa representação para qualidade é encontrada na mitologia grega através do Deus Janos que deu origem ao mês de janeiro e este é bem propício para nosso propósito aqui estabelecido.

O mês de janeiro é um mês muito especial, pois ele insere dois significados simultâneos. Ele é o mês que simboliza o final de um ano e o início de um ano novo. Tal como o Deus Janos, que possuía duas faces uma frontal que simboliza o futuro, e outra posterior que simboliza o passado.

A qualidade igualmente ao Deus Janos e ao mês de janeiro, possui duas faces de uma mesma moeda. Nós

precisamos estar atentos no futuro e buscarmos no passado recursos e dados para nos apoiarmos a realizar novas inovações.

"Por que é que nunca se tem tempo para se fazer às coisas direito, mas sempre se tem tempo para fazê-las de novo?".

Pense em três melhorias que você poderia realizar em sua empresa para aumentar a qualidade de seus produtos e/ou serviços. O número três é um número muito especial, pois se você tiver apenas uma alternativa, costumamos dizer que você não é humano - provavelmente será uma máquina (um robô). Se por acaso você tiver duas alternativas você certamente entrará num dilema entre uma ou outra. Agora se você tiver três ou mais alternativas você começará a se humanizar e terá maior flexibilidade.

Existe uma lei na cibernética chamada de "Requisito de Variedade" que prega que a parte mais flexível de um sistema sempre agirá como elemento controlador. Então, quanto mais flexíveis vocês forem, maiores serão as suas chances de controlar o sistema ao qual está inserido e quem sabe até mesmo a outros sistemas.

"Só o melhor é o suficiente".

O empreendedor desenvolve ou utiliza procedimentos para assegurar que o trabalho seja terminado a tempo ou que o trabalho atenda aos padrões de qualidade previamente combinados. Ele possui esta cultura de qualidade inata em seu ser. Ele sempre encontra alguma maneira de fazer as coisas melhor, mais rápido, ou mais barato.

Melhor, Mais Rápido, Mais Barato

Os empreendedores de sucesso, sempre buscam fazer as coisas um pouco mais rápidas, um pouco melhor, e/ou um pouco mais barato.

Pense numa pessoa eficiente!... Agora, lembre-se de como esta pessoa eficiente que você pensou se comporta!... Imagine que você é ela e está vivenciando uma situação que exija qualidade e eficiência. Como se fosse AGORA, o que você vê e/ou observa?... O que você ouve?... Como ouve isto?... O que você sente?... O que você pensa?... Como você filtra e organiza estes dados e informações recebidas e captadas através de seus sentidos?... Como é que está o seu corpo?... Sua respiração?... Sua postura?... Qual é a atitude que está tomando?... Quais são os comportamentos que você possui AGORA?... Quais as crenças que você tem a este respeito?... (Lembre-se que você neste instante é aquela pessoa eficiente!) Quem você acredita que é?...

Se você achar interessante possuir estes comportamentos, capacidades e crenças desta pessoa deixe que estes novos recursos se impregnem em sua estrutura cerebral e guarde-os num local muito especial que você possa ter acesso sempre que necessitar deles.

Os empreendedores agem de maneira a fazer coisas que satisfaçam ou excedam os padrões de excelência. Eles buscam encantar o cliente.

"Quanto mais universal nos tornamos, de forma mais 'tribal' (local) tendemos a nos comportar. Quanto mais interligados os negócios e as nações no mercado global, mais importante se tornam às diferenciações locais do mercado consumidor".

John Naisbitt

O que é encantar o cliente? Encantar o cliente é fazer algo além daquilo que foi pedido e além daquilo que está sendo pago. Por exemplo, você vai a uma choperia e pede um chope. O garçom lhe traz o chope que você pediu - o que aconteceu? Ele atendeu a sua necessidade e pronto. Agora, se ele possui a mentalidade de encantar o cliente, ele trará o chope e juntamente com este lhe trará um pratinho com amendoim torrado e salgado (que lhe dará mais sede e venderá outros chopes - no entanto as pessoas gostam disso - não vêm ao caso!) e quando você o observa ele está vestido com um sapato bem engraxado e lustro, uma calça social, camisa branca e limpa, borboleta, cabelo bem aparado, barba feita, com uma toalha suspensa em seu pulso, e com um agradável perfume e um sorriso no rosto. Ao servi-lo ele lhe indaga: "Se o Sr. estiver sozinho e gostaria de ler o jornal eu lhe coloco o jornal de hoje a sua disposição!".

"A Eficiência é a preguiça inteligente".

E aí! O que você acha disso? Ele lhe encanta não é mesmo? Isto é encantar o cliente. Quanto custou? Praticamente nada - apenas uma boa dose de motivação, cordialidade e boa vontade. O resultado? Enorme! Você sempre se lembrará deste lugar e especialmente deste garçom e o recomendará a todos os seus conhecidos e amigos.

A inovação consiste em se melhorar um dos três pontos do "Tripé da Eficiência" (Qualidade - Tempo - Custo), sem perder os outros dois.

Pense numa atividade de negócio importante que você faz?... Agora, pense em como você poderia fazê-la de modo mais eficiente!... Compartilhe suas ideias com um amigo, colega; enfim, com outra pessoa. Isto fará surgirem novas ideias que você poderá utilizar para implementar a sua ideia original e lhe dará ótimos resultados.

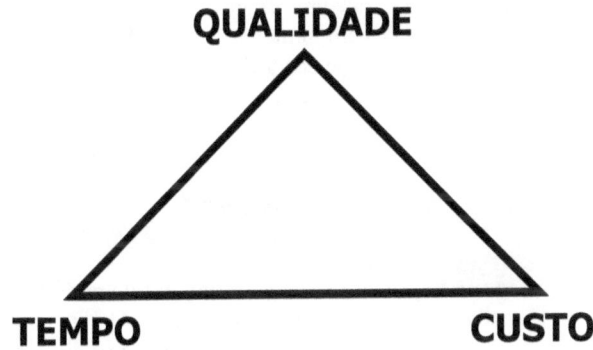

Lembre-se: Uma coisa que você precisa se dar conta é que a qualidade e a eficiência não acontecem sem o estabelecimento de uma meta.

A qualidade resulta da convicção de que qualquer coisa pode ser melhorada. A qualidade geralmente surge da insatisfação com a maneira que se está fazendo alguma coisa. As pessoas que se preocupam com qualidade são aquelas que acreditam que sempre existe um jeito melhor de se fazer às coisas.

Qualidade implica ter orgulho do que você faz, integridade no que você produz ou vende. Qualidade significa consideração e consistência.

A qualidade não é simplesmente uma técnica ou uma capacidade. É um estado de espírito. É uma paixão. Esta se expressa em todas as coisas, o tempo todo. A preocupação com a qualidade é alguma coisa que você incorpora na sua vida. A qualidade é algo que exige persistência por parte do empreendedor.

A qualidade é menos sobre "O QUE" do que sobre "COMO". O empreendedor sabe que os princípios de Qualidade são válidos em qualquer organização privada ou pública, industrial ou de serviços, com ou sem fins lucrativos.

A decisão de implantar um Processo de Qualidade é uma decisão corajosa, a qual, se bem implementada, resultará em maior satisfação de clientes, retenção de funcionários e lucros maiores. É o jogo do ganha-ganha. Todos ganham!

O JOGO DO PODER

Podemos definir o Poder como a capacidade de se conseguir que se façam as coisas como e quando se quer... de moldar mudanças no mundo... de conseguir cooperação e ação.

Gostaria de apresentar-lhe um processo que consiste em uma busca para lhe dar um feedback sobre a sua autoestima e do condicionamento ao qual nos foi auto imposto.

A nossa autoestima na grande maioria das vezes foi lesada desde a nossa mais tenra infância. Estudos mostram que uma criança do momento em que nasce até os quatro anos de idade ouve cerca de cem mim "não". "Não faça isso!", "Não faça aquilo", "Não mexa...", Não suba...", "Não corra..." e por aí a fora. Hoje quando adultos, nós nem sequer sabemos porque as coisas andam tão devagar, sem entusiasmo, sem uma razão...

"Informação é poder".

As pesquisas não param por aí! Uma criança no mesmo período para cada elogio que ela ganha, em troca recebe nove repreensões. Isso tudo faz com que nossa autoestima seja lesada e então; sabendo-se disto, nós podemos manejá-la para recriá-la de uma forma mais sadia e poderosa para obtermos mais energia para executarmos nossas atividades. Vamos fazer um exercício:

Pense numa situação em que você tinha o poder, uma situação de realização passada. Lembre-se de quais eram os sentimentos que afloravam em você nessa situação... Em seguida anote-os no espaço abaixo:

_____

_____

_____

Agora, pense numa situação de que vivenciou o fracasso, onde você se sentia sem poder, uma situação em que você estava impotente em seu passado... Escreva no espaço abaixo todos os sentimentos que esta situação tinha.

_____

_____

_____

Procure observar as duas situações vivenciadas por você (a de poder e a de impotência). Você observará que na primeira situação - Poder, você tinha autoridade, você possuía responsabilidades claras, as tarefas eram simples para você e você erra possuidor de muitos recursos.

Já na situação de impotência, lhe faltava autoridade, sua responsabilidade era ambígua, as tarefas eram complexas e você possuía muitas limitações.

Lembre-se de que o Poder é a capacidade de conseguir que se façam as coisas como e quando se quer... de moldar mudanças no mundo... de conseguir cooperação e ação. Agora você está pronto para criar uma imagem poderosa de você mesmo.

Sente-se confortavelmente e relaxe bem o seu corpo e sua mente, a ponto de sentir-se receptível à mudança...

... Agora imagine que seria possível fazer uma viagem ao futuro e vá para um lugar no seu futuro em que você se sinta bem e imagine você lá vivendo a uma situação de poder de recursos ilimitados, onde você possua autoridade sobre diversos temas e assuntos, e que suas responsabilidades sejam claras e específicas e consequentemente isso tudo fazem com que as tarefas que precisa realizar se tornem simples para você...

... Nesta situação aí no futuro, vivenciando-a como se fosse AGORA, procure prestar atenção em como você fala para com os outros e ouça como estes lhe respondem, veja tudo o que há para ver aí neste momento e sinta tudo o máximo que puder sentir desta situação de poder que você está desfrutando neste momento...

... Quando você estiver satisfeito desta experiência daremos o prosseguimento ao trabalho de mudança que nos propomos a realizar e ainda imaginando que a viagem no tempo é possível leve com você todos estes aprendizados, para o seu passado flutuando sobre todos os momentos de sua vida passada bem do alto vá até o momento de seu nascimento e entre no corpo do seu "Eu" pequenininho...

... E com todos estes novos recursos que você possui agora comece a voltar para o presente, para o hoje, trazendo consigo estes novos conhecimentos e vendo como tudo poderia ter sido diferente se você os possuísse em cada uma das diversas etapas de seu crescimento e pode até parar em algumas situações que achar que sejam mais significativas e mudá-las para uma forma mais positiva e assertiva...

... Quando chegar no seu eu de hoje permaneça nele e imagine que sai de você uma luz muito agradável que representa todos estes novos recursos e conhecimentos que você possui e seguem para o seu futuro anunciando o seu novo "Eu"...

... Agora você está pronto para voltar para o aqui e agora dando uma ou duas boas inspirações e expirações.

A seguir você terá a oportunidade de observar uma variedade de poderes que utilizamos como líder. São sete as chamadas "Bases de Poder": Coerção, Ligação, Competência, Informação, Posição, Identificação e Recompensa. É bom ressaltar aqui que um empreendedor se baseia em todas as sete Bases e que todas elas são importantes dependendo da situação. Lembre-se da Lei de Requisito de Variedade da Cibernética - a palavra-chave é FLEXIBILIDADE.

Flexibilidade para navegar por todas as Bases e assim maximizar nossos resultados como empreendedores. Vejamos cada uma delas isoladamente:

COERÇÃO

As pessoas seguem este tipo de empresário porque a falta de cooperação poderá levar a sanções tais como designação para tarefas indesejáveis, repreensões ou relatórios de avaliação que demonstram uma performance baixa.

LIGAÇÃO

Ligação está com pessoas influentes e importantes. As pessoas seguem este tipo de empresário porque buscam obter favores ou evitar desfavores de ligações poderosas.

COMPETÊNCIA

A competência baseada nas habilidades e conhecimentos do empresário. As pessoas seguem estes porque respeitam seus conhecimentos. Esta Base é a mais perigosa de se basearmos somente nela, pois, ela nos torna onipotentes.

INFORMAÇÃO

Esta Base de Poder é baseada na posse ou acesso a informações por parte do empresário que outros consideram valiosas. As pessoas os seguem porque necessitam de informações para executar seus trabalhos ou porque querem estar a par das coisas.

POSIÇÃO

Quanto mais alta a posição, mais alto tende a ser o poder. As pessoas seguem um empresário com esta base porque acreditam que ele tem o direito, em virtude de sua posição, de esperar que suas sugestões sejam seguidas. A posição é a Base mais segura para um empreendedor se fixar.

IDENTIFICAÇÃO

As pessoas seguem um empresário com uma Base de Poder alta neste item porque o admiram, o apreciam ou porque se identificam com o mesmo.

RECOMPENSA

Esta Base é baseada na capacidade do empresário de recompensar os outros. As pessoas os seguem porque acreditam que seus esforços trarão incentivos positivos, tais como dinheiro ou reconhecimento.

As Características de Poder são importantes ao:

- **Obter financiamento;**
- **Obter recursos;**
- **Vender;**
- **Tratar com o governo;**
- **Tratar com clientes;**
- **Tratar com fornecedores;**
- **Tratar com empregados.**

Devemos ter em mente que o poder é uma questão equacionaria, e; dependendo da soma de suas variáveis poderemos possuir um maior ou menor poder.

A "Equação do Poder" é a soma do "Meio Ambiente" ao qual estamos inseridos, da "Influência" que exercemos em terceiros e do "Controle" que possuímos. Nós podemos utilizar o poder em diversas situações de negócios, tais como ao vender, ao comprar e mesmo ao solicitarmos algo.

$$P = (MA + I + C)$$

Nossa autoridade se baseia em nossa capacidade de colocarmos medo nos outros; em nossas amizades e em nossos relacionamentos (conhecidos); em nossos conhecimentos e em nossa perícia; nas informações de que possuímos; na nossa posição pessoal/social e no cargo que exercemos; na nossa personalidade; nos prêmios e recompensas que possuímos e recebemos (diplomas, troféus, medalhas, condecorações, etc...); e, no poder "presumido" que nos é aferido.

Através do "Controle", da "Influência" e do "Meio Ambiente" cria-se um "Mapa de Poder". Este mapa composto por estas três variáveis torna-se uma ferramenta que se bem utilizada nos é de extrema valia.

Vamos pensar um pouco sobre cada uma destas variáveis que formam este Mapa de poder. Primeiro vejamos o Controle: O que é que nós controlamos? Nossa empresa, nossos funcionários (empregados), nossa família, nossos filhos (e este somente até certa idade!) e nossas ações. O que mais você poderia acrescentar aqui como algo que você realmente controla?...

_____

_____

_____

_____

A segunda variável diz respeito ao que nós influenciamos. Vejamos: Influenciamos nossos amigos, nossos vizinhos, nossos clientes, nossos fornecedores, e até mesmo a nossa concorrência. E você o que mais poderia acrescentar aqui?...

_____

_____

_____

_____

A terceira e última variável deste Mapa de Poder é o Meio Ambiente. Aqui muda o enfoque. Até o presente momento nós exercíamos pressão sobre as variáveis (Controle e Influência), já com o Meio Ambiente é o inverso, é ele que atua sobre nós. Ele atua sobre a Influência e sobre o Controle. Vejamos alguns exemplos desta variável. Aqui nós encontramos as forças da natureza, o governo, a igreja, as religiões, o Congresso Nacional. Seguindo estes exemplos quais seriam os componentes do Meio Ambiente que lhe pressiona?

_____

_____

_____

_____

_____

_____

_____

Sabendo-se de que o Meio Ambiente atua sobre a influência e que este faz pressões para comprimirem nossa base de controle nós podemos usar a sinergia para exercer pressão contra ele fazendo-se assim um ponto de equilíbrio.

Nós conseguimos adquirir sinergia quando nos unimos e formamos "Associações de Classe", sejam elas Associações Comerciais, Industriais, Serviços, Sindicatos, enfim; estas classes fazem gerar uma bolha para contrapor a pressão que o Meio Ambiente exerce, e; aí nós podemos reivindicar coisas a nosso favor.

PLANEJE SEU FUTURO FINANCEIRO HOJE!

Averigue onde você está versus onde você quer estar

Dinheiro cunhou liberdade.

- Dostoyevsky

Dominar a área financeira e o seu dinheiro é crucial em sua vida; no entanto, com os recursos você dispõe agora é muito mais fácil do que possa parece ser. Este capítulo foi escrito para fornecer-lhe algumas ferramentas que você precisa para administrar seu dinheiro hoje e investir em um futuro luminoso e seguro.

Frankenberg diz que: *"Planejamento financeiro pessoal significa estabelecer e seguir uma estratégia precisa, deliberada e dirigida para a acumulação de bens e valores que irão formar o patrimônio de uma pessoa e de sua família."*

Aqui você vai adquira algumas das informações que você precisa para administrar seu dinheiro sabiamente; bem como, recomendações de alguns recursos e produtos que o ajudarão alcançar suas metas financeiras.

Com todas as opções disponíveis atualmente, você pode ficar/ser confundido sobre como administrar seu dinheiro. Abaixo nós selecionamos alguns recursos excelentes para você buscar informações de excelência:

- ❑ O IRS na Web – *www.irs.ustreas.com*

- ❑ DebtSmart.com – *www.debtsmart.com*

- ❑ Milionário de poltrona – *www.armchairmillionaire.com*

- ❑ Kiplinger.com – *www.kiplinger.com*

No entanto, como tudo na vida, estes também merecem um pouco de cautela. Procure trocar informações com pessoas de sua confiança e as quais você tenha a convicção de que elas possam lhe dar algo em troca.

A tecnologia e a nova ordem aparentemente infinita de mercados nos força a fazer um planejamento financeiro a longo prazo mais fácil do que nunca, certo? Então, por que todos nós estamos tão confusos? Onde você deveria pôr seu dinheiro ganho com muito suor? Em Tecnologia? Fundos mútuos? Bônus do governo? Na loja de isca do tio João? E onde é que está a diferença em economizar e investir de qualquer maneira?

Experimente conferir ainda alguns outros recursos úteis disponíveis na rede (internet), para que possa obter mais informações:

- ❑ O Clearinghouse do Investidor – *www.investoreducation.org*

❏   Central do Dinheiro da MSN – *http://moneycentral.msn.com/home.asp*

❏   Acelere Dinheiro & Finanças – *http://quicken.excite.com*

❏   Os Fundamentos da NASD de Economia e Investimento –
www.investor.nsad.com/ni_module_menu.html

Outra preocupação que devemos ter é quanto ao tempo de que dispomos para despertar para o custo de uma faculdade/educação. O custo de 13 anos de educação primária e secundária e mais pelo menos cinco anos para cursar uma faculdade (18 anos) é provavelmente mais que você pensa, mas isso não significa você não poderá chegar lá. Para começar seu planejamento, você precisará determinar primeiro a quantia que você está disposto a economizar e quanto tempo você tem para chegar lá!

TRABALHANDO SEU PROJETO FINANCEIRO

De quanto dinheiro você precisa para estar financeiramente seguro para o resto de sua vida? R$10 milhões? R$15 milhões? Uma loteria multimilionária? De fato, você ficaria surpreso em saber de quão pequeno capital você precisa acumular para viver confortavelmente.

<u>Lembre-se</u>: Você é uma máquina de dinheiro.

Sua economia atual é um resultado de três coisas:

1. Sua posição financeira atual,

2. Sua psicologia atual sobre o dinheiro, e

3. O que você faz ou deixa de fazer quanto aos seus investimentos.

O tempo é sua sofisticação. A maioria das pessoas sabe o que fazer, mas elas não fazem isto de fato!

Aconselho-lhe que faça agora o seguinte processo, que levará aproximadamente 30 minutos para ser concluído. Este processo lhe dará uma compreensão inclusive de porquê você está onde você está financeiramente, e lhe proporcionará uma oportunidade de diagnosticar onde deve mirar para realizar as necessárias mudanças que farão a diferença para o seu futuro financeiro.

Conforme você passa pelo processo de Projeto Financeiro, faça-se a seguinte pergunta: Você precisa mudar sua psicologia, suas habilidades, ou suas ações? (Ou todas as três?)

_____

_____

_____

_____

_____

_____

_____

_____

_____

_____

O que é e como você pontuaria o seu fluxo monetário e/ou de renda atual?

_____

_____

_____

_____

_____

Como você poderia aumentar seu valor líquido?

_____

_____

_____

_____

_____

_____

Como você se sente sobre seus investimentos atuais?

_____

_____

_____

_____

_____

Como você pontuaria sua taxa de retorno atual de seus investimentos globais durante os últimos cinco anos?

_____

_____

_____

_____

Como você pontuaria sua taxa de retorno atual de seus investimentos globais durante os últimos 10 anos?

_____

_____

_____

_____

_____

O que você aprendeu respondendo estas perguntas? Que distinções você fez?

_____

_____

_____

_____

_____

_____

Do que você precisa para reforçar, melhorar, fortalecer e/ou enfocar nós trabalhamos no programa **Método 7PLF**[1] e depois com toda a certeza poderá melhorar a sua condição econômica significativamente.

Teste: Você Realmente Sabe Administrar Seu Dinheiro e Patrimônio?

Ao responder o teste abaixo, você deve usar de toda a sinceridade e autocrítica ara não enganar a si próprio. Responda às perguntas na ordem natural de sua leitura, não tentando antecipar-se. Todas as respostas têm um valor ponderado para ajudar você a enquadrar-se em uma de cinco situações. Depois de respondido, some os pontos e verifique em qual delas você se encontra.[2]

Como você avalia sua atual receita?

☐	Excelente	5	Pontos
☐	Muito boa	15	
☐	Boa	30	
☐	Suficiente	50	
☐	Insuficiente	70	
☐	Ruim	140	
☐	Péssima	210	

Como você avalia seu patrimônio líquido?

☐	Excelente	5	Pontos
☐	Muito bom	15	
☐	Bom	30	
☐	Suficiente	70	
☐	Ruim	140	
☐	Péssimo	210	

De que maneira você avalia seus atuais investimentos?

☐	Excelente	5	Pontos
☐	Muito bons	15	
☐	Bons	30	
☐	Suficientes	50	
☐	Insuficientes	70	
☐	Ruins	140	
☐	Péssimos	210	

Como você avalia seu conhecimento a respeito das leis que governam o capitalismo?

☐	Excelente	5	Pontos
☐	Muito boa	15	
☐	Boa	30	
☐	Suficiente	50	
☐	Insuficiente	70	
☐	Ruim	140	
☐	Péssima	210	

Você tem planos perfeitamente delineados para suas finanças? O que você quer da vida, o quanto isto custa e como vai obtê-lo?

☐ Sim   5 Pontos
☐ Não   20

Você faz uso de um consultor financeiro ou pessoa com conhecimentos profundos sobre finanças de sua confiança?

☐ Sim   1 Pontos
☐ Não   70

A roda de seus conhecidos e amigos é formada por:

☐ Pessoas com maior patrimônio e renda que a sua   1 Pontos
☐ Pessoas em situação parecida com a sua   25
☐ Pessoas com menor patrimônio e renda que a sua   140

Você consegue guardar entre 10% e 20% de sua receita líquida?

☐ Sim   1 Pontos
☐ Não, guardo menos   15
☐ O valor oscila entre estes dois limites   45
☐ Não costumo economizar   140
☐ Gasto tudo que ganho e poupar não é comigo   350

Você contribui regularmente com instituições de benemerência?

☐ Sim   1 Pontos
☐ Não   140

Você acredita sinceramente que está qualificado para possuir muitíssimo dinheiro?

☐ Sim   1 Pontos
☐ Não   140

Quanto tempo você pode viver de suas reservas, dentro de seu atual estilo de vida, sem receber qualquer novo rendimento do capital ou ganhos de qualquer espécie?

☐ Menos de uma semana   700 Pontos
☐ Menos de um mês   300
☐ Entre um mês e um ano   100
☐ Entre um e cinco anos   50
☐ Entre cinco e dez anos   16
☐ O resto da vida   1

Você consegue, com razoável exatidão, visualizar a época na qual possa viver unicamente da renda de seus investimentos?

☐ Sim   1 Pontos
☐ Não   140

Você estaria satisfeito caso os próximos cinco anos desenvolvessem exatamente da mesma maneira como os últimos cinco anos?

☐ Sim   50 Pontos
☐ Sim, pois avancei muito em direção ao meu objetivo   10
☐ Não   120
☐ Não, pois desejo avançar ainda com maior rapidez rumo ao meu objetivo   1

Você tem uma ideia precisa de como pensa a respeito de suas relações com o dinheiro?

☐ Sim   50 Pontos
☐ Razoavelmente   30
☐ Não, ainda não tinha pensado a respeito   120

Como você descreveria sua situação financeira atual?

☐ Excelente   1 Pontos
☐ Muito bom   10
☐ Bom   24
☐ Suficiente   50
☐ Insuficiente   90
☐ Ruim   120
☐ Muito ruim   210

Acredita que dinheiro é algo importante em sua vida?

☐ Não   210 Pontos
☐ Sim   5
☐ Mediamente importante   15
☐ Muito importante   15
☐ O mais importante que possa existir   50

Qual dos quesitos abaixo você usaria para se identificar (comparar) financeiramente?

☐ Sou um Warren Buffet   5 Pontos
☐ Estou convencido que estou no caminho certo   15
☐ Sou um completo fracasso   210
☐ Sou um azarado   140
☐ Sou um Midas, transformo pó em ouro   5

Dinheiro em minha vida é:

☐ Uma força revigorante   1 Pontos
☐ Um fator paralisante   140

Como você avalia seus conhecimentos sobre fundos de investimento em geral?

☐ Excelente   5 Pontos
☐ Muito bons   15
☐ Bons   30
☐ Suficientes   50
☐ Insuficientes   70
☐ Ruins   140
☐ Péssimos   210

Qual é seu conhecimento sobre investimento em ações?

☐ Excelente   5 Pontos
☐ Muito bons   15
☐ Bons   30
☐ Suficientes   50
☐ Insuficientes   70
☐ Ruins   140
☐ Péssimos   210

Você conhece os princípios básicos sobre como investir e os coloca em prática?

☐	Sim	5 Pontos
☐	Não	120
☐	Às vezes	80

Como você se posiciona em relação ao dinheiro, cifras e finanças?

☐	Negativamente	140 Pontos
☐	Positivamente	5
☐	De forma comedida	80

Como você enxerga sua situação financeira agora que já respondeu às perguntas anteriormente formuladas?

☐	Excelente	5 Pontos
☐	Muito bem	15
☐	Bem	30
☐	Razoavelmente	50
☐	Desconfortavelmente	70
☐	Mal	140
☐	Péssimo	210

Como você se sente agora que já respondeu às perguntas anteriormente formuladas?

☐	Excelente	5 Pontos
☐	Muito bem	15
☐	Bem	30
☐	Razoavelmente	50
☐	Desconfortavelmente	70
☐	Mal	140
☐	Péssimo	210

Seu Escore e Diagnóstico:

100 pontos:	Excelente, você alcançou seu objetivo. Sua condição financeira não necessita qualquer reparo. Você sabe também apreciar qualidade de vida.
101-800 pontos:	Você conseguiu alcançar uma privilegiada situação financeira. Talvez haja espaço para alguma eventual melhora. Obtenha um diagnóstico de algum consultor financeiro independente para lhe ajudar.
801-1.500 pontos:	Nem excelente nem insuficiente. Há bastante espaço para melhora. Maior atenção para alcançar sus objetivos não lhe fará mal algum. Experimente trocar ideias com profissionais de planejamento financeiro.
1.501-2.500 pontos:	Você está navegando em águas revoltas. Você certamente está precisando de ajuda de profissionais para orienta-lo. Faça uma profunda introspecção e introduza alterações em seus procedimentos quanto à administração financeira.
Mais de 2.500 pontos:	Atenção, você está em zona minada com eminente perigo de naufragar. Sua situação é de crise e necessita de profundas alterações para novamente alcançar águas mais tranquilas. Vai precisar de um planejamento financeiro consistente e mudanças radicais em sua vida.

REVENDO SEUS SONHOS

Como você pode pagar a educação de seu filho... e mais.

Imagine quanto dinheiro passa por suas mãos desadvertidamente todas as semanas?

Pare por um momento a leitura deste livro e faça algo de valioso para você, agora mesmo. Liste no quadro abaixo todas as coisas que você gastou seu dinheiro na semana passada.

Não pense só nas suas necessidades, mas também nas suas contas (cartões de crédito?) e luxos (refrigerantes, bebidas alcoólicas, cigarros, doces etc).

Faça isto agora!...

Artigo	Valor $$$
Total:	

Pense nisto! Se você investisse cinquenta reais por mês que é apenas R$ 12,50 (doze reais e cinquenta centavos) por semana e somente R$ 1,66 (um real e sessenta e seis centavos) por dia, quanto poderia ser este valor quando seu filho(a) for para a faculdade? Com apenas cinquenta reais por mês (começando desde o nascimento de seu filho(a) ganhando 15% anualmente serão pago...

R$ 55.927,09

quando seu filho(a) completar 19 anos.

Se mais nenhuma outra contribuição for feita e o dinheiro continuar crescendo à 15% ao ano (excluindo impostos), será pago...

R$ 4.3 milhões aos 50 anos

R$ 17.5 milhões aos 60 anos

R$ 70.9 milhões aos 70 anos

LEMBRE-SE: R$ 50,00 por mês são apenas $12,50 por semana, e só R$ 1,66 por dia!

Com apenas cem reais por mês (começando desde o nascimento de seu filho(a) ganhando 15% anualmente serão pago...

R$ 105.854,17

quando seu filho(a) completar 19 anos.

Se mais nenhuma outra contribuição for feita e o dinheiro continuar crescendo à 15% ao ano (excluindo impostos), será pago...

R$ 8,6 milhões aos 50 anos

R$ 35 milhões aos 60 anos

R$ 141.8 milhões aos 70 anos

LEMBRE-SE QUE: R$ 100,00 por mês são apenas R$ 25,00 por semana, e só R$ 2,33 por dia!

Veja a seguir...

COMO SEU DINHEIRO CRESCE ANUALMENTE

Capitalização de R$ 50,00 por mês

Taxa de rentabilidade anual	20 ANOS R$	30 ANOS R$	40 ANOS R$	50 ANOS R$
15%	61.466	260.847	1.067.454	4.330.629
20%	112.012	709.128	4.406.314	27.298.314
25%	205.766	1.936.304	18.053.193	134.522.252

Capitalização de R$ 300,00 por mês

Taxa de rentabilidade anual	20 ANOS R$	30 ANOS R$	40 ANOS R$	50 ANOS R$
15%	368.796	1.565.082	6.404.725	25.983.778
20%	672.076	4.254.773	26.437.888	163.789.886
25%	1.234.600	11.617.827	108.319.159	1.008.920.494

Capitalização de R$ 1.000,00 por mês

Taxa de rentabilidade anual	20 ANOS R$	30 ANOS R$	40 ANOS R$	50 ANOS R$
15%	1.229.322	5.216.941	21.349.083	86.612.595
20%	2.240.256	14.182.578	88.126.294	545.966.289
25%	4.115.336	38.726.091	361.063.864	3.363.068.314

Olhe sua lista original atrás e veja onde você tem oportunidades de investimento.

A Distribuição de Recursos

Descubra mais sobre como você enquadra as alavancas de oportunidades de seus bens imóveis atuais.

A distribuição de recursos é a chave para todo sucesso financeiro em longo prazo.

Para que você descubra qual seria a Fórmula de Distribuição de Recurso recomendada para você, por favor, responda as perguntas abaixo e então veja o seu resultado.

1. Por favor, escolha seu grupo de idade:

☐ MENOS DE 45 ANOS

☐ 45 A 55 ANOS

☐ MIAS DE 55 ANOS

2. Que tipo de investidor você é?

☐ CONSERVADOR

☐ AGRESSIVO

Quando se trata de investimentos nós devemos pensar em duas coisas: segurança e crescimento. Vejamos cada uma delas separadamente:

SEGURANÇA - Suas necessidades básicas e de paz mental.

Sua casa, seguro, a educação e faculdade de seu(s) filho(s), reserve de 2 a 24 meses de sua renda, etc.

Este balde[3] está cheio com investimentos de renda fixos como títulos do tesouro, ações, capitais de pensão, certificados de garantia de imposto, seguro, e money markets.

CRESCIMENTO - Capital de Investimento.

Este é o balde no qual você constrói a Massa Crítica merecedora para sua rede. É aqui onde você tem a oportunidade para maximizar seus lucros. Estes tipos de investimentos não são garantidos, assim com a oportunidade para maior crescimento vem junto maiores risco.

De fato, o próprio balde de crescimento pode ser dividido em dois baldes separados: o balde da Compra & Manutenção, de onde você assume o papel de um inversor comprando companhias de qualidade e os mantém por longo prazo para construir massa crítica. E/ou o Balde de Impulso onde você segue o dinheiro e faz rápidos investimentos e cai fora, não tanto como um investidor, mas como um comerciante.

Isto oferece um potencial para maiores lucros, mas também tem maiores riscos. É extremamente importante que você defina uma porcentagem específica de seus investimentos de crescimento que serão aplicados na Compra & Manutenção contra o Impulso. Isto se baseia em sua tolerância de risco.

Muito bem, agora vejamos então qual é a Fórmula de Distribuição de Recursos mais apropriada para você segundo o perfil que acabou de traçar acima:

PERFIL CONSERVADOR

MENOS DE 45 ANOS   CONSERVADOR

FÓRMULA:

Segurança: 40%;

Crescimento: Compre & Manutenção 30%; Impulso 30%

1. SEGURANÇA 40%

2. CRESCIMENTO 60%

- ❑ Comprar & Manter 50%
- ❑ Impulso 50%

DE 46-55 ANOS   CONSERVADOR

FÓRMULA:

Segurança: 60%;

Crescimento: Compre & Manutenção 20%; Impulso 20%

1. SEGURANÇA 60%

2. CRESCIMENTO 40%

- ❑ Comprar & Manter 50%
- ❑ Impulso 50%

MAIS DE 55 ANOS   CONSERVADOR

FÓRMULA:

Segurança: 70%;

Crescimento: Compre & Manutenção 20%; Impulso 10%

1. SEGURANÇA 70%

2. CRESCIMENTO 30%

- ❑ Comprar & Manter 50%
- ❑ Impulso 50%[4]

PERFIL AGRESSIVO

MENOS DE 45 ANOS   AGRESSIVO

FÓRMULA:

Segurança: 30%;

Crescimento: Compre & Manutenção 35%; Impulso 35%

1. SEGURANÇA 30%

2. CRESCIMENTO 70%

    ❑ Comprar & Manter 50%

    ❑ Impulso 50%

DE 46-55 ANOS   AGRESSIVO

FÓRMULA:

Segurança: 50%;

Crescimento: Compre & Manutenção 25%; Impulso 25%

1. SEGURANÇA 50%

2. CRESCIMENTO 50%

    ❑ Comprar & Manter 50%

    ❑ Impulso 50%

MAIS DE 55 ANOS   AGRESSIVO

FÓRMULA:

Segurança: 65%;

Crescimento: Compre & Manutenção 17,5%; Impulso 17,5%

1. SEGURANÇA 65%

2. CRESCIMENTO 35%

    ❑ Comprar & Manter 50%

    ❑ Impulso 50%

Comprando & Mantendo
Investimentos

Com o Modelo de Compra & Manutenção do Shows você como construir e assegurar segurança em sua vida por um longo tempo.

A seguir você verá os Sete Passos Simples para seguramente dobrar seu dinheiro a cada cinco a seis anos. Vejamos:

- **Primeiro Passo:** Escolha uma companhia que você gostaria de investir e saiba a sua história (em nosso programa **MÉTODO 7PLF**[e], lhe proporcionamos uma lista das Melhores Companhias para se investir[5]).

- **Segundo Passo:** Leia os relatórios anuais e selecione as ações que

- você gostaria de investir nelas - de cinco a dez indústrias diferentes para realizar a sua diversificação.

- **Terceiro Passo:** Todo o mês invista a mesma quantia de dinheiro (fixo) em suas propriedades acionárias atuais.

- **Quarto Passo:** Reinvista todos os seus dividendos obtidos em suas ações.

- **Quinto Passo:** Compre suas ações do modo mais barato possível.

- **Sexto Passo:** Ao final de cada ano, revise as companhias que você possui ações, para ver se elas ainda estão na lista das Melhores Companhias (i.e.: que elas continuaram dando-lhe outro ano sucessivo de mais altos dividendos e/ou de salários mais elevado por ação).

- **Sétimo Passo:** Só venda a ação se a companhia saiu da lista das Melhores Companhias ou se você achou uma companhia melhor na lista.

Com estes passos, você pode ter a vantagem de ganhar três por cento... e com isto ganhar 15 por cento ao ano (com toda a certeza!)

Há mais de 16.000 ações que são comercializadas publicamente. Como já foi anunciado, durante os últimos 50 anos, o mercado de valores americano (S&P 500) devolveu uma média de 12 por cento a seus acionistas.

---

[e] www.metodo7plf.com

A pergunta é, como você pode descobrir quais as companhias de qualidade em tempos bons como também nos ruins?

Através da modelagem de experts no mercado financeiro descobriu-se uma **fórmula muito simples** para se fazer isto. Se você estreitar sua lista para apenas as companhias com pelo menos 10 anos diretos de mais altos salários e/ou mais altos dividendos por ação, você terá as companhias com um tremendo registro de seu rasto de sucesso consistente (rentabilidade). Quando se começou esta pesquisa, descobriu-se que dentre as 16.000 companhias americanas, apenas 417 tinham estas qualidades no ano de 1995, e com isto ajustavam-se a este critério. Estas companhias representavam o melhor; as companhias que correspondem aos "3% do topo", as quais o norte-americano Bill Staton as chama de as Melhores Companhias da América.

Estas companhias proveram um adicional de três por cento a mais por ano em média - ao invés de apenas uns 12 por cento de retorno - o retorno foi de 15 por cento, o que permitiu a seus acionistas **dobrarem seu capital** (dinheiro) aproximadamente a **cada cinco anos.**[6]

Além disso, como vocês poderiam adivinhar, muitas destas companhias aumentaram em valor para 600 por cento ou até mesmo 1.500 por cento, obviamente, aumentando com isto a sua taxa de retorno.

Em 1997, 407 companhias fizeram parte da lista AFC, sendo que oitenta e cinco destas companhias tinha um mínimo de 10 anos diretos de mais altos salários por ação. Trezentos e oitenta e seis qualificaram-se com dividendos; e sessenta e quatro conseguiram fazer isto em ambos. Duzentas e noventa e três destas companhias têm planos de reinvestimento de dividendos.

Estes investidores modelados defendem-se **investindo em um grupo de oito a dez destas "Companhias de Qualidade"** e permanecendo com elas, a menos que em sua pesquisa anual, descubram que elas já não possuem um padrão de sucesso continuado (i.e: elas perderam um ano de dividendos e/ou de salários aumentados por ação).

A ARTE DE CRIAR A MASSA CRÍTICA

Aprenda como o poder da combinação de interesses pode lhe ajudar a perceber seu sonho.

Comprar & Manter Investimentos

Para ter uma renda vitalícia, você necessita possuir um capital total acumulado de investimento para que este possa ser autossuficiente – a **massa crítica**. Este deve ser grande o bastante e investido num ambiente seguro a oito por cento de retorno, o qual, irá gerar sua renda anual desejada.

Na Tabela abaixo, você poderá escolher agora a sua renda anual desejada. Para atingir este valor, que você escolher será necessário que seja criado um plano financeiro efetivo, ao qual, irá formar a "Massa Crítica" que você precisará para alcançar sua renda anual vitalícia desejada; a qual, está disposta na coluna dois da presente tabela.

Renda Anual Desejada	"Massa Crítica" Necessária	Renda Anual Desejada	"Massa Crítica" Necessária
R$ 10.000	R$ 125.000	R$ 240.000	R$ 3.000.000
R$ 20.000	R$ 250.000	R$ 260.000	R$ 3.250.000
R$ 30.000	R$ 375.000	R$ 280.000	R$ 3.500.000
R$ 40.000	R$ 500.000	R$ 320.000	R$ 4.000.000
R$ 50.000	R$ 625.000	R$ 400.000	R$ 5.000.000
R$ 60.000	R$ 750.000	R$ 480.000	R$ 6.000.000
R$ 70.000	R$ 875.000	R$ 500.000	R$ 6.250.000
R$ 80.000	R$ 1.000.000	R$ 560.000	R$ 7.000.000
R$ 90.000	R$ 1.125.000	R$ 600.000	R$ 7.500.000
R$ 100.000	R$ 1.250.000	R$ 640.000	R$ 8.000.000
R$ 120.000	R$ 1.500.000	R$ 800.000	R$ 10.000.000
R$ 140.000	R$ 1.750.000	R$ 1.000.000	R$ 12.500.000
R$ 160.000	R$ 2.000.000	R$ 1.600.000	R$ 20.000.000
R$ 180.000	R$ 2.250.000	R$ 2.000.000	R$ 25.000.000
R$ 200.000	R$ 2.500.000	R$ 4.000.000	R$ 50.000.000
R$ 220.000	R$ 2.750.000	R$ 8.000.000	R$ 100.000.000

Como Ler os Indicadores Financeiros

Um fator importante para qualquer pessoa que queira navegar no mercado financeiro, é aprender a ler os diversos indicadores financeiros.

O objetivo que temos aqui é simplesmente o de fornecer-lhe basicamente, o que significa cada um destes indicadores do mercado financeiro.

Vejamos:

Variação do Patrimônio: demonstra a relação à posição do dia anterior.

Volatilidade: mede o risco que o fundo apresenta com relação às cotas diárias. O período de amostra é de 60 dias úteis, anualizados. Quanto maior a volatilidade, maior o risco do fundo.

Índice Sharpe: mede o grau de risco de um fundo em relação a sua rentabilidade. O índice é calculado pela diferença entre a rentabilidade do fundo e a do ativo utilizado como comparação dividida pelo desvio padrão da cota do fundo. Nos fundos de ações[7] de carteira livre é utilizado como referencial de comparação o Índice Bovespa; e nos fundos de renda Fixa, o certificado de depósito interbancário de um dia (CDI-over). O período de amostra é de 60 dias úteis, anualizados.

Taxa de Administração e Performance: mostra os custos cobrados pelas instituições ao ano. O sinal # indica que, além da taxa de administração, a instituição cobra taxa de performance.

Não há padronização para a metodologia de cobrança da taxa de performance, que é muito complexa e varia conforme o administrador e o tipo de fundo.

Fundos de Ações: aplicam no mínimo 67% da carteira em ações.

Fundos de Carteira Livre: aplicam em ações ou derivativos, com maior flexibilidade na gestão do que um fundo de ações convencional.

Fundos Derivativos: são os fundos cuja carteira é predominantemente composta por instrumentos de derivativos como contratos futuros, opções e operações a termo.

Fundos Garantidos: estes garantem no mínimo o retorno do capital aplicado pelo investidor.

Fundos Exclusivos: são os fundos com um número restrito de participantes.

FIF Exclusivos para FAC: são os fundos de investimento financeiro (FIF) que recebem somente recursos de fundos de aplicações em cotas (FAC).

Fundos Cambiais: são os fundos de investimento em ativos cujo retorno acompanha a correção cambial ("swap" de dólar, "export notes" ou NTN cambial, por exemplo).

O Modelo de Impulso

O Modelo de Impulso lhe ensina como GANHAR DINHEIRO.

Para usar este o Modelo de Impulso, você tem que acreditar que os rumores atuais ou notícias sobre a companhia e/ou do setor criará poderosamente um aumento rápido ou diminuirá o seu preço; e, que você pode tirar proveito deste impulso comprando na fase de rumor e vendendo quando as notícias saem ou brevemente após isso.

Então, como neste caso você não está comprando necessariamente um valor real, dê um passeio rápido na maré e tome cuidado. Se você for inteligente, você desenvolverá uma aproximação sistemática que lhe permitirá entrar cedo e adquirir e, rapidamente cair fora.

Você não precisa acreditar que irá conseguir um lucro máximo. Ao invés, você pode ficar satisfeito em atirar suas quatro argolas displicentemente.

O que este modelo requer é:

1. A habilidade para identificar o impulso do mercado e os aumentos/diminuições de preços nas notícias vinculadas - **rapidamente**.
2. A habilidade para tomar decisões rápidas, poderosas e correspondentes.
3. Um estômago forte, porque pode levar meses para construir algo que pode ser destruído em minutos.

Veja a seguir as Cinco Estratégias para o Seu Sucesso Rápido e Consistente[8]:

1. Qualidade nas fontes de informação imediatas e precisas - **tempo é tudo**.
2. Um completo entendimento dos vários veículos que podem lhe permitir tirar proveito do impulso de preços - aceleração e diminuição da velocidade.
3. Monitorar consistentemente de hora em hora, diariamente, semanalmente ou mensal (dependendo da estratégia que empregou).
4. Um sistema efetivo para identificar, monitorar, medir, sair e defender-se.
5. Administrar a cobiça.

Um plano financeiro é uma maneira de controlar e supervisionar o uso do dinheiro. O dinheiro, em si não tem valor; mas quando usado no comércio/mercado este adquire valor.

Por conseguinte, ao pensar sobre administração financeira, não considere o dinheiro como um fim em si mesmo, mas como um meio a ser utilizado na aquisição de coisas ou serviços. **Sua atitude afetará a maneira como o emprega.**

Algumas Regras Para Navegar no Oceano das Finanças

A sorte não passa de uma palavra vã, sinônima de acaso que a ignorância orgulhosa dos homens inventou para explicar o que sua inteligência objetiva não conseguiu ainda entender.

Já dizia Franklin D. Roosevelt que acreditava piamente na sorte, e; que descobriu que quanto mais trabalhava, mais sorte ele tinha.

As Cinco Regras Para Adquirir Fortuna

REGRA UM: **A Capacidade de Criar Riqueza.** Pergunte-se: "Como posso ser mais valioso?"

REGRA DOIS: **A Capacidade de Manter Sua Riqueza.** Esta segunda regra é simples, mas não é fácil. Você deve disciplinar-se ao máximo para gastar menos do que você ganha, e investir a diferença.

10% do que você ganha é para guardar

10% do que você ganha é para usar com caridade e generosidade

10% do que você ganha é para saldar suas dívidas

70% do que você ganha é para você viver

"Que todo homem divida seu dinheiro em três partes e invista um terço em terras, um terço em negócios e guarde um terço como reserva."

TALMUD - ± 1.200 anos a.C.

REGRA TRÊS: **A Capacidade de Aumentar Sua Riqueza.** Aprenda a colocar o seu dinheiro a trabalhar para que assim, ele possa se reproduzir, ou seja; você deve gastar menos do que ganha, investir a diferença e reinvestir os lucros para um crescimento adicional.

Se você ainda não o é, faça de tudo para ser o proprietário de seu próprio teto. Também comece a prover desde já (antecipadamente) as suas necessidades da velhice e para a proteção da família através de um plano de aposentadoria que seja digno. Além disso, procure sempre saber um pouco mais para poder ganhar um pouco mais, e; com isto, você poderá ter uma vida respeitável para adquirir boa reputação.

REGRA QUATRO: **A Capacidade de Proteger Sua Riqueza.** É preciso que você aprenda a evitar que sua carteira se esvazie depois que ela estiver cheia. Procure evitar os prejuízos; para isto, só empregue seu dinheiro onde haja segurança e onde o possa reaver se o quiser.

Utilize-se de meios legais para proteger-se de ataques de terceiros.

REGRA CINCO: **A Capacidade de Desfrutar Sua Riqueza.** Você deve ter sempre em mente de que o dinheiro não é um fim, e sim; que ele é um meio de você conseguir as coisas que você deseja e precisa.

As Sete Maneiras de Perder Sua Fortuna

1. Guardá-la em lugar pouco seguro
2. Emprestando dinheiro a amigos
3. Endossando Letras
4. Empregando dinheiro sem se informar dos riscos e condições
5. Por excesso de entusiasmo quando se é bem-sucedido
6. Aplicando bolsa de valores sem conhecimento do que está fazendo
7. Tentando fazer o dinheiro bom salvar o mau

As 10 Maneiras de Ganhar Dinheiro

1. Busque a riqueza passo a passo – *pense no longo prazo.*
2. Decida-se somente após estar bem informado – você precisa conhecer bem onde está entrando.
3. Conheça sua tolerância ao risco
4. Acredite na diversificação – nunca coloque todos os seus ovos numa única cesta.
5. Estabeleça metas – *você tem que*:
6. Planejar a liquidez de que necessita
7. Definir um nível de rentabilidade que direcione o momento da saída
8. Conhecer as limitações de cada tipo de investimento (tempo mínimo, custos, penalidades)

9. Saber aguardar o retorno de uma decisão estrategicamente correta e por alguma circunstância não refletida (exemplo: Bolsa)

10. Conseguir controlar o impulso para trocar posição de investimento como troca de roupa, dando, assim, o tempo necessário para que ocorra aquilo que foi planejado.

Recomendações Úteis

❏ Invista sem estar movido pela emoção – lembre-se: a emoção no mercado financeiro embaralha o julgamento.

❏ Não acredite em tudo e em todos – o objetivo deve ser buscar um relacionamento seguro e de longo prazo. Pergunte tudo e jamais feche qualquer negócio por telefone.

❏ Não ceda ao comodismo e a procrastinação – cada ano que se perde com o adiamento de uma decisão significa mais dificuldades para se atingir o objetivo desejado. Custa caro.

❏ Jamais exclua sua mulher dos negócios – lembre-se de que as mulheres costumam ter sensibilidade afiada para detectar armadilhas.

❏ Mantenha expectativas reais – jamais tire os pés do chão ao planejar a administração de seu dinheiro.

Obras Informativas Recomendadas

Ernest & Youn Financial Planning Essentials – (*Planejamento Financeiro Essencial da Ernst & Young*). Adquira conselho conciso, fidedigno em todas suas decisões de planejamento financeiras chaves.

The Motley Fool Investiment Guide: How The Fools Beat Wall Street's Wise Men And How Can Too – (*O Guia de Investimento do Tolo Variado: Como Os Bobos Bateram os Homens Sábios de Wall Street E Como Você Também Pode*). Inteligente, e com muitos conselhos para novatos em investimentos.

The 9 Steps To Financial Freedom: pratical And Spiitual Steps So You Can Stop Worrying – (*Os 9 Passos Para Liberdade Financeira: Passos Práticos E Espirituais Assim Você pode Deixar de Preocupar*). Este é um guia pessoal altamente original e uma fonte rica de conselhos financeiros.

It's About The Money: how you can get out of debt, build wealth, and achieve your financial dreams – (*Esteja Acima do Dinheiro: Como Você pode Sair de Dívidas, pode Construir Riquezas, e pode Alcançar Seus Sonhos Financeiros*). Trata do arraigado sonho americano, que está acima do

Dinheiro! De autoria do Reverendo Jesse Jackson e do Congressista Jesse Jackson Jr. este programa pode ajuda-lo a ficar financeiramente independente e autossuficiente.

The Everything Money Book – (*O Livro Completo Sobre Seu Dinheiro*). Nele, você terá a oportunidade de aprender a administrar, orçar, economizar e investir seu dinheiro de forma a permanecer por cima por muito tempo. Nele, você e seus familiares encontrarão todas as informações do que precisam fazer com a maior parte de seu dinheiro, hoje e durante anos vindouros.

Bonner's Household Budget Book – (*O Livro de Orçamento da Casa dos Bonnie*). Nele você encontrará tudo o que você precisa para planejar orçamentos mensais, localizar suas despesas, manter registros de imposto. Não importa qual seja o seu nível de renda. Inclui worksheets, listas de conferências, quadros, e outras ferramentas para ajuda-lo a administrar o seu dinheiro mais efetivamente.

The 9 Steps To Financial Freedom And The Courage To Be Rich – (*Os 9 Passos Para Liberdade Financeira E A Coragem para Ser Rico*). Vídeo ao qual Suze Orman traz os seus nove passos revolucionários. Em formato de seminário que lhe permite seguir o caminho para superar os obstáculos em sua própria vida que lhe estão lhe impedindo de alcançar a verdadeira riqueza.

10 Steps To Financial Success – (*10 passos Para Sucesso Financeiro*). Provê aos leitores em todas as fases da vida e com qualquer renda por entre parênteses com um programa fácil de 10 passos para desenvolver um seguro plano financeiro, e explica todas as opções de investimentos concebíveis, de ações para bens imóveis a fundos mútuos.

Seu Futuro Financeiro: Você è O Maior Responsável – Como planejar suas finanças pessoais para toda a vida. Um livro que traz muitas informações para cuidar suas finanças pessoais e criar um futuro financeiro próspero.

1 **O Método 7Ps da Liberdade Financeira** é um programa da **UNIVERSIDADE DA EXCELÊNCIA** – veja maiores esclarecimentos no apêndice. Ou em nosso site na internet: www.metodo7plf.com

2 O teste sobre administração de seu dinheiro e patrimônio foi traduzido e adaptado para o nosso país pela "Personal Financial Planning", baseado em questões relevantes relacionadas com finanças pessoais formuladas na revista holandesa *Personal Finance* , edição de junho de 1999. E se encontra no livro Seu Futuro financeiro, de Louis Frankenberg.

3 Balde – expressão usada como metáfora.

4 Em Excelência Financeira, você aprenderá mais sobre Distribuição de Recurso. Para você descobrir mais sobre este programa veja o apêndice no final deste livro.

5 Uma Palavra de Advertência: As informações neste livro bem como as do programa **MÉTODO &PLF** são expostas com o propósito educacional. Não somos parte das corretoras acionárias, negociantes de corretoras, ou conselheiros de investimento registrados. Também, não recomendamos ações particulares, opções, ou qualquer segurança de qualquer tipo. Se forem mencionadas ações particulares, elas só são mencionadas com o propósito ilustrativo e educacional.

É pretensão das informações passadas aqui e em nosso programa ao vivo, proporcionar instrução financeira básica que consideram seus investimentos pessoais e bem-estar financeiro. É recomendado que você busque um profissional autorizado ou corretor para implementar qualquer investimento ou qualquer plano financeiro.

Nós não garantimos nenhum resultado ou investimento baseado nas informações que você receber aqui ou em nosso programa ao vivo. Novamente, sugerimos que você consulte um conselheiro financeiro autorizado independente como planejador financeiro certificado ou corretor de ações para embarcar em qualquer plano de investimento. **Desempenho passado não é nenhuma indicação ou garantia de resultados futuros antecipados.** Opções comerciais são extremamente arriscadas e não apropriadas para todos os investidores.

6 No Método 7PLF, você aprenderá os Sete Passos Simples para Seguramente Dobrar Seu Dinheiro cada 5 a 6 Anos - detalhadamente.

7 FUNDOS DE AÇÕES – é um conjunto de recursos provenientes de investimentos feitos por **pessoas físicas ou jurídicas**, administradas por uma **Instituição Financeira** que os aplica em uma **carteira diversificada** de ações, debêntures conversíveis em ações e títulos federais, procurando **valorizar o patrimônio** dos investidores. O dinheiro aplicado pelo investidor é transformado em **cotas de participação** que se valorizam ou desvalorizam diariamente conforme as oscilações dos títulos em que o dinheiro foi aplicado.

8 Para descobrir que estratégia você trabalha melhor, solicite "JÁ" mais informações sobre o programa **Método 7PLF..**

APÊNDICES

Técnica da Rasura

1. Crie uma âncora positiva. (ou seja, lembre-se de um momento em sua vida onde você estava cheio de recursos. Quando você tiver uma representação bem clara daquela época, aperte firmemente sua mão – como se estivesse fazendo um "punho" – em seguida, soque o ar e fale bem alto uma palavra que lhe seja motivacional. Repita mais três vezes este processo. Com isto você estará realizando uma neuro-associação entre a lembrança – o punho socando o ar e a palavra.)[f]

2. Crie uma imagem **grande** de um fracasso de seu passado e então o calibre, ou seja; observe como são as imagens, o som, a sensação, a emoção, e assim por diante.

3. Com um grande sorriso estampado em seu rosto, percorra a imagem inteira em alta velocidade. Quanto mais rápido melhor.

4. Agora, siga a imagem novamente do início ao fim e pare.

5. Volte o filme para o início tão rapidamente quanto você for capaz de fazê-lo; fazendo com que este fique cada vez mais e mais estranho.

6. Então, pense na memória dolorosa. Neste ponto, você deverá estar sorrindo e sentindo-se bem – caso contrário repita o processo.

E, finalmente, **imagine tendo o sucesso que você deseja** inúmeras vezes até que este seja absolutamente real para você e se torne uma sensação de certeza que será condicionada emocionalmente.

---

[f] Processo retirado do livro Poder Pessoal: A Força Motriz! – Para saber mais sobre este processo permita-nos treiná-lo pessoalmente através do programa **"Desperte Seu Gigante Interior"**.

ATRIBUTOS QUE DISTINGUEM AS APLICAÇÕES E OS INVESTIMENTOS

Aplicações e Investimentos	Liquidez	Rentabilidade	Valorização	Segurança	Cesta de diversas Moedas	Projeção Inflacionária	Diversificação das Aplicações	Administração Profissional Dinâmica	Proteção Contra Instabilidade Político-econômica	Favorável Sob o Ponto de Vista do Imposto de Renda ou IOF	Incentivo Fiscal no Imposto de Renda
Imóvel próprio	N	N	S/N	S	N	S	N	N	S	S/N	N
Imóvel para renda	N	S	S/N	S	N	S	N	N	S/N	N	N
Caderneta de poupança	S	S	N	S	N	S/N	N	N	S	S	N
Fundo de CP até 30 dias – renda fixa	S	N	N	S	N	S/N	N	N	S	N	N
Fundo FAC mais de 30 dias – renda fixa	N	S	N	S	N	S/N	N	S	S	S	N
CDB Mais de 30 dias	N	S	N	S	N	S/N	N	N	S	S	N
Carteira acionária	S/N	S/N	S/N	S/N	N	S/N	S	S	N	N	N
Fundo de ações	S/N	S/N	S/N	S/N	N	S/N	S	S	N	N	N
Dólar entesourado	S	N	N	S/N	S	S	N	N	S	N	N
Dólar investido – renda fixa	S/N	S	S/N	S/N	S	S	N	N	S	N	N
Dólar investido – renda variável	S/N	S/N	S/N	S/N	S	S	N	S	S	N	N
Ouro físico	S/N	N	S/N	S/N	S	S	N	N	S	N	N
Plano tradic.da previdência privada aberta	S/N	S	S	S	N	S	S	S	N	S	S
Incentivo fiscal plano "FAPI"	S/N	S	S	S	N	S	S	S	N	S	S
Incentivo fiscal plano "PGBL"	S/N	S	S	S	N	S	S	S	N	S	S

S = Sim/Positivo N = Não/Negativo S/N = Neutro/Às vezes

Certos atributos de aplicações e investimentos, sob determinada condições ou ponto de vista pessoal, podem admitir conceitos diferentes.

Fonte: Personal Financial Planning

BIBLIOGRAFIA

ANDREAS, Steve & FAULKNER, Charles. *Programação Neurolinguística* – *a nova tecnologia do sucesso*. Editora Campus, Rio de janeiro, 1995.

BAGGIO, Charton Maciel & GUEDES, C. Gilmar H. *Despertar, Crescer & Agir* – *utilizando a energia primordial em busca da excelência*. Edições NeuroTech, Rio Grande do Sul, 1999.

BAGGIO, Charton Maciel. *Poder Pessoal: A Força Motriz!* – *a trajetória para o seu sucesso ilimitado*. Edições NeuroTech, Rio Grande do Sul, 2000.

FRANKENBERG, Louis. *Seu Futuro Financeiro: Você é o maior responsável* – *como planejar suas finanças pessoais para toda a vida*. Editora Campus, Rio de Janeiro, 1999.

FRANKLIN, Benjamin. *Autobiografia*. Ediouro, Rio de Janeiro.

GARDNER, Howard. *A Nova Ciência da Mente*. Edusp, São Paulo, 1995.

LYNCH, Dudley & KORDIS, Paul L. *A Estratégia do Golfinho* – *a conquista de vitórias num mundo caótico*. Cultrix/Amana, São Paulo, 1988.

PETERS, Tom. *Tempos Loucos Exigem Organizações Malucas*. Editora Harbra, São Paulo, 1995.

PNUD-ONU. Seminário Empretec.1994.

RIBEIRO, Dr. Lair. Criando & Mantendo Sucesso empresarial – reengenharia virtual. Editora Objetiva, Rio de Janeiro, 1995._____ *O Sucesso Não ocorre Por Acaso*. 113ª Ed. Editora objetiva, Rio de janeiro, 1996._____ *Viajando no Tempo* – *recriando o seu passado & criando o seu futuro*. Editora objetiva, Rio de janeiro, 1994._____ *Prosperidade - abundância a seu alcance*. Moderna, São Paulo, 1998.

RITT, Jr. Michael J. & LANDERS, Kirk. *Uma Vida Rica* – *a biografia de Napoleon Hill*. Record, Rio de Janeiro, 1996.

ROBBINS, Anthony & McCLENDON III, Joseph. *Poder Ilimitado* – *uma escolha negra*. Record, Rio de Janeiro, 1999.

ROBBINS, Anthony. *Desperte o Gigante Interior* – *como usar o condicioamento neuro-associativo para criar mudanças definitivas*. Record, Rio de janeiro, 1993._____ *Mensagens de Um Amigo* – *um guia rápido e simples para você assumir o comando da sua vida*. Record, Rio de janeiro, 1996._____ *Poder Sem Limites* – *o caminho do sucesso pessoal pela Programação neurolinguística*. 16ª Ed. Editora Best Seller, São Paulo, 1987. _____ *Personal Power II* – *the driving force!* Robbins Research International, Inc. San Diego, CA, 1996.

SILBIGER, Steven. *MBA em 10 Lições* – *as mais importantes lições das melhores faculdades de administração americanas*. Editora Campus, Rio de Janeiro,1997.

www.ingramcontent.com/pod-product-compliance
Lightning Source LLC
Chambersburg PA
CBHW031257280526
45784CB00004B/1884